FISCHER SAUERLÄNDER

KIDSTORY

Das ist nicht die Geschichte von

mächtigen Königen,
wichtigen Kriegen,
außergewöhnlichen Entdeckern,

sondern von ganz gewöhnlichen Mädchen und Jungen.

TAMAR WEISS GABBAY lebt in Jerusalem und ist Autorin, Lektorin und Screenwriterin. Sie schreibt für Erwachsene und Kinder mit besonderem Interesse an Natur- und Ökologie-Themen. Darüber hinaus leitet sie verschiedene Sozial- und Literaturprojekte.

SHIRAZ FUMAN ist Illustratorin und visuelle Erzählerin. Seit ihrem Studium an der Bezalel Academy of Arts in Jerusalem illustriert sie freiberuflich Bücher und Comics, ist aber auch im Bereich Animation und Gaming tätig. Sie hat bereits zahlreiche Kinderbücher mit ihren Illustrationen gefüllt und ist Co-Gründerin eines digitalen Magazins für Illustrationen und Comics.

ANNE BIRKENHAUER, geboren 1961 in Essen, aufgewachsen in Tübingen, studierte in Berlin Judaistik und Germanistik und lebt seit 1989 als literarische Übersetzerin in Jerusalem. Sie wurde mit mehreren Preisen ausgezeichnet; 2018 erhielt sie den Verdienstorden der Bundesrepublik Deutschland.

Weitere Informationen zum Kinder- und Jugendbuchprogramm von Fischer Sauerländer
auf *www.fischer-sauerlaender.de*

MIX
Papier | Fördert gute Waldnutzung
FSC® C002795

3. Auflage 2025

Erschienen bei Fischer Sauerländer

Die hebräische Originalausgabe erschien 2024 unter
dem Titel *KIDSTORY* bei Lama Publishers, Israel.

Coloration: Shiraz Fuman, Roni Fahima, Liran Raviv Granit
Strichzeichnungen am Kapitelende: Aviel Basil
Art Director: Avner Haberfeld

Layout und Satz: Tanja Haaf
Umschlaggestaltung: Shiraz Fuman unter Mitarbeit von
Dahlhaus & Blommel Media GmbH
Druck und Bindung: Livonia Print, Riga
Printed in Latvia
ISBN 978-3-7373-7282-4

Kontaktadresse nach EU-Produktsicherheitsverordnung:
produktsicherheit@fischer-sauerlaender.de

TAMAR WEISS GABBAY

KIDSTORY

Von der Steinzeit bis heute

Die Weltgeschichte aus Kindersicht

Mit Bildern von Shiraz Fuman

Aus dem Hebräischen von
Anne Birkenhauer

FISCHER SAUERLÄNDER

INHALTSVERZEICHNIS

WAS IST DIE GESCHICHTE VON GANZ GEWÖHNLICHEN MÄDCHEN UND JUNGEN?

Bestimmt hast du schon einiges über Geschichte gehört, und vielleicht hast du sogar schon Bücher über wichtige Staatslenker, über alte Städte, berühmte Entdeckungen und außergewöhnliche Ereignisse aus der Vergangenheit gelesen.

Aber Geschichte ist so viel mehr als das. Geschichte ist auch und vor allem die Geschichte von uns allen: alles, was ganz gewöhnliche Frauen und Männer, Mädchen und Jungen, eben solche wie du, erleben.

Wie hat man früher gelebt? Worüber haben Mädchen und Jungen nachgedacht? Woran haben sie geglaubt? Womit haben sie gespielt? Wovon geträumt?

Worin war ihr Leben deinem ähnlich, und worin unterschied es sich? Was war zu ihrer Zeit besser, was schlechter?

Wie war es, zu einer Zeit Kind zu sein, in der man annahm, Zucker sei gesund?

Und was fühlte ein Junge zur Zeit der Pest?

Womit spielten Mädchen im alten Rom?

Was malten Kinder in der Vorzeit, die in Höhlen lebten?

Gingen die Kinder gerne in die erste Schule der Welt?

Und wer waren die ersten Kinder in der Geschichte, die Unterhosen unter ihrer Kleidung trugen?

Jedes Kapitel in diesem Buch erzählt von einem Tag im Leben eines Kindes in einer anderen Zeit. Die Geschichten haben sich vielleicht nicht genau so zugetragen, aber sie hätten alle in der damaligen Zeit so passieren können. (Was tatsächlich passiert ist und was erfunden wurde, wie dieses Buch geschrieben wurde und wie die Bilder dazu entstanden, davon erzählt das Nachwort am Ende.)

Hast du schon mal daran gedacht, dass auch du ein wichtiger Teil der Geschichte bist?

Am Ende des Buches hast du Platz, dein eigenes Kapitel zu schreiben und selbst zu erzählen, wie es ist, in deiner Zeit zu leben und welche für deine Zeit besonderen Ereignisse du selbst erlebt hast.

Mädchen und Jungen, die in einigen Jahren in der Zukunft leben werden, werden bestimmt mit großer Neugier das Kapitel über deine Geschichte lesen.

Aber jetzt fangen wir erst mal an.
Am Anfang.

1

Vor eineinhalb Millionen Jahren

EIN MÄDCHEN OHNE NAMEN

Dieses Mädchen ist einer der ersten Menschen auf der Welt. Gut, sie ist nicht genau so ein Mensch wie wir, aber sie ist auch schon ganz anders als andere Lebewesen: Ihr Gehirn ist größer als das der Affen, und sie steht aufrecht auf ihren Hinterbeinen.

Jeden Morgen wacht das Mädchen in der Natur auf. Sie fühlt sich ganz und gar als Teil von ihr. Und wie alle Tiere läuft sie nackt herum, sucht Nahrung, schläft unter freiem Himmel und lebt mit ihrem Rudel. In ihrer Zeit nennen wir so ein Rudel einen Menschenstamm – das sind ihre Mutter, ihr Vater, Großeltern, Tanten und Onkel, Geschwister und Halbgeschwister, Cousins und Cousinen. Ja, sie lebt ähnlich wie andere Tiere, und dennoch wird dieses Mädchen heute etwas erfahren, was kein Tier bisher erlebt hat.

Aber, Moment mal, wie heißt das Mädchen denn?

Hat sie überhaupt einen Namen?

Das weiß man nicht. Wir können noch nicht mal mit Sicherheit sagen, dass Menschen in dieser Zeit überhaupt sprechen konnten. Vielleicht haben sie nur Laute ausgestoßen und gebrummt wie andere Tiere auch? Mag sein. Sicher ist aber immerhin, dass sie die Laute und das Brummen der anderen verstanden haben.

Heute früh ist das Brummen des Vaters ganz eindeutig: Er hat Hunger! Und nicht nur er. Das ganze Menschenrudel ist gereizt und sucht Nahrung. Am Tag zuvor haben sie nicht viel gefunden: Die heiße Jahreszeit hat begonnen, die Strömung im Fluss ist schwächer geworden, die Pflanzen verwelken. Die meisten Wurzeln und Knollen sind schon ausgegraben und gegessen, und die Tiere in der Gegend ziehen fort, um anderswo Nahrung zu finden. Sie wandern flussaufwärts, dorthin, woher das Wasser kommt. Auch das Menschenrudel sollte sich in diese Richtung aufmachen.

Aber als sie aufbrechen, liegen einige von ihnen noch immer im Schatten des Akazienbaums. Sie sind zu schwach, um zu laufen. Das Mädchen betrachtet sie. Sie sehen aus, als seien sie vom Hunger erschöpft. Unter ihnen ist auch ihr Lieblingscousin, mit dem sie immer zusammen unterwegs ist. Aber als sie jetzt versucht ihn aufzuwecken, macht er gerade mal ein Auge auf. Das Mädchen bekommt Angst. Was sollen sie tun? Alle Schwachen flussaufwärts tragen? Einige von ihnen sind schon ausgewachsen und schwer, und auch ihr Cousin ist ziemlich groß. Nein, man kann sie nicht tragen. Aber kann man sie hier liegen lassen, dass sie verhungern?

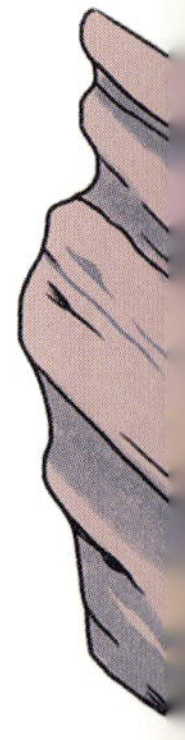

Alle sind besorgt. Die kleinen Kinder beginnen zu weinen.

Mit ausladenden Armbewegungen verkündet der Vater: Bleibt hier! Ich gehe eine große Kuh jagen, ich muss es noch mal versuchen! Einige Erwachsene machen sich fertig und schließen sich ihm an. Der Vater bereitet für alle spitze Steine vor. Er weiß genau, wie man die Steine

behauen muss: Man schlägt sie gegeneinander, bis sie zerbrechen und eine scharfe Spitze entsteht. Mit Hilfe dieser spitzen Steine wird es ihnen vielleicht gelingen, etwas zu jagen. Auch die Mutter nimmt einen, um damit zu graben, hofft, dass sie doch noch ein paar essbare Wurzeln findet. Und auch das Mädchen nimmt sich einen Stein – sie weiß noch nicht, was genau sie damit machen soll, aber Steine sind das einzige Werkzeug, das es auf der ganzen Welt gibt. Sie muss mithelfen, Nahrung zu suchen, für sich und für die Schwachen.

Wo sucht man Nahrung? Überall. Man streckt einfach die Hand aus und nimmt. So war es zumindest im Winter, als sie auf ihrer Wanderschaft in diese grüne Gegend gelangten. Da hatte das Mädchen das Gefühl gehabt, dass ihr gar nichts fehle. Sie besaß zwar keinen einzigen Gegenstand nur für sich allein, aber sie hatte das Gefühl, die ganze Welt gehöre ihr. Manche Pflanzen und Früchte kennt sie, andere sind neu für sie und fremd, die muss man erst mal vorsichtig probieren, ob sie nicht giftig sind.

Sie weiß, was bitter schmeckt, ist giftig, das spuckt sie sofort wieder aus. Sie weiß zum Beispiel auch, dass man Brennnesseln unten am Stiel packen muss, weil sie nur da nicht brennen, deshalb kann sie die leckeren Blätter essen. Aber jetzt gibt es noch nicht mal mehr Brennnesseln. Ihr Magen knurrt. Sie spürt, sie wird schon selbst ein bisschen schwach.

So beschließt sie, erst mal wenigstens etwas zu trinken. Das wird sie kräftigen, um weiterzusuchen. Um zu trinken, muss sie zum nahen Fluss gehen – Krüge zum Sammeln oder Aufbewahren von Wasser sind noch nicht erfunden. Deshalb bleibt ihr Stamm immer in der Nähe eines Flusses. Oft ziehen sie von einem Platz zum andern, aber sie entfernen sich nie vom frischen Wasser. Sie läuft hinunter zum Fluss, schöpft das Wasser mit der hohlen Hand und trinkt und trinkt und versucht so, den leeren Magen zu füllen. Dann hebt sie den Blick. Wo gibt es etwas Essbares? Eine Eidechse huscht vorbei, das Mädchen will sie packen, doch sie entwischt. Das Mädchen geht am Fluss entlang und sucht weiter. Ein Bienenschwarm summt in der Nähe seines Nests, und das Mädchen geht schnell weg. Sie wurde schon einmal von ihnen gestochen und erinnert sich, wie weh das getan hat.

Da funkelt ein goldener Stein am Ufer, und da ist noch einer und noch einer. Wie schön die sind! Sie hebt einen auf, betrachtet ihn, wie er in der Sonne glänzt. Schade, dass sie ihn nicht mitnehmen oder sich damit schmücken kann, denkt das Mädchen. Zum ersten Mal verspürt sie das Verlangen, etwas für sich selbst zu besitzen. Doch sie lässt den wunderschönen Stein wieder fallen. Ihr Cousin ist vom Hunger geschwächt, die Kleinen weinen, und auch ihr Magen knurrt schon. Das ist nicht die richtige Zeit zum Träumen! Da sieht sie, dass der Stein nicht mehr wie vorher in der Sonne funkelt. Die Sonne ist verschwunden, der Himmel ist plötzlich grau. Eine Spannung liegt in der Luft. Sie schaut sich um. Alles ist wie sonst. Die Bienen schwirren hin und her, und sie weiß, solange die Bienen bei den Blumen bleiben, ist das ein Zeichen, dass es nicht regnen wird. Also muss es ein Gewittersturm sein, der da aufzieht. Es wäre nicht das erste Mal, dass sie Blitze erlebt, deshalb hat sie nicht wirklich Angst, möchte aber doch lieber zurück zu den anderen.

Gerade als sie aufbrechen will, zuckt ein grelles Licht über den Himmel. Und nicht nur eins, immer mehr leuchtende Zickzacklinien. Sie beginnt zu laufen, doch dann schlägt ein Blitz in einen Baum neben ihr ein, und etwas Gelbes bricht hervor! Was ist das? Auf einem der Äste schlängelt sich eine rotgelbe Zunge, sie zappelt wild.

Der Ast mit dem tobenden Wesen fällt vom Baum und landet dicht vor ihren Füßen. Ist das heiß! Erschrocken

flieht sie so schnell sie kann vor dem Feuer, das sie noch nie zuvor gesehen hat. Sie möchte zu ihrer Familie, aber der Bienenschwarm versperrt ihr den Weg. Sie sucht einen anderen Fluchtweg. Da sieht sie, dass dieses glühende Wesen ihr gar nicht mehr nachjagt. Im Gegenteil, es liegt auf der Erde und wird immer kleiner. Sie kehrt um und nähert sich ihm vorsichtig.

Sie hat Angst, es anzufassen, deshalb nimmt sie einen Stock und streckt ihn ihm hin. Die rotgelben Flammen kriechen langsam und friedlich auf ihren Stock. Sie hebt ihn hoch und schaut ihn an. Vorsichtig geht sie mit dem brennenden Stock zu ihrem Stamm, der jetzt im Schatten des Akazienbaums sitzt. Das muss sie ihnen zeigen!

Wieder muss sie an den Bienen vorbei, aber die fliegen schnell davon vor dem Rauch, der von ihrem Stock aufsteigt. Die Bienen, vor denen sie immer Angst hatte, fürchten sich jetzt vor ihr! Das Mädchen ist begeistert von der Kraft in ihrer Hand. Sie hält den Stock nah an eine Eidechse und an verschiedene Insekten – und alle fürchten das Feuer und fliehen! Nur sie nicht. Dann sieht sie das Bienennest. Noch nie stand sie so nah dabei. Sie hält ihre Fackel dicht daran, und die letzten Bienen fliehen vor dem Rauch. Das Mädchen wird neugierig.

Was gibt es wohl dadrin, im Nest der Bienen? Sie nimmt ihren ganzen Mut zusammen, streckt ihre freie Hand hinein und holt etwas klebrig Goldenes heraus. Erst riecht sie daran. Es riecht gut. Dann leckt sie vorsichtig daran. Schmeckt das süß! Süßer als alle reifen Früchte, die sie je gegessen hat. Die Süße gibt ihr Kraft.

Sie holt noch ein Stück Honigwabe aus dem Bienennest und läuft ganz aufgeregt zurück zu ihrem Stamm, in der einen Hand den Honig, in der anderen das Feuer. Alle sitzen mutlos unter dem Akazienbaum. Der Vater und alle, die mit ihm jagen waren, sind mit leeren Händen zurückgekehrt, denn die Kühe sind schon weitergezogen an Orte, wo es mehr Gras gibt, und die Mutter und die anderen Sammler haben in der Nähe keine essbaren Wurzeln gefunden. Als sie das Mädchen sehen, erschrecken sie erst vor dem Rauch und dem glühenden Stock. Doch ihre Neugier ist stärker, und sie kommen näher. Das Mädchen legt die Fackel vor ihnen auf die Erde.

Alle beobachten, wie sich das Feuer den Stock entlang ausbreitet. Wird es am Ende den Stock verlassen? Das Mädchen erinnert sich, wie die Flammen von dem brennenden Ast auf ihren Stock gekrochen waren; sie häuft etwas Reisig auf und lässt das Feuer darauf übergehen. Die anderen machen es ihr nach und bringen mehr Äste, und schnell entsteht ein richtiges Lagerfeuer. Alle sind wie verzaubert. Schweigend sitzen sie um das Feuer und können die Augen nicht abwenden. Jetzt, da die Sonne untergeht und es kühl wird, genießen sie die Wärme, die es verbreitet. Sogar die kleinen Cousins hören auf zu weinen und strecken ihre Ärmchen zum Feuer.

Dann zerschneidet das Mädchen mit ihrem Stein die Honigwabe und verteilt sie an alle. Sie kauen neugierig und hungrig. Der Vater und ein paar andere nehmen sich eine Extraportion. So ist das: Der Stärkere ergattert manchmal mehr. Aber auch wer klug ist, kann bekommen, was er braucht: Gut, dass sie von Anfang an ein weiteres Stück der Honigwabe für sich selbst behalten hat. Davon gibt sie jetzt ihrem Lieblingscousin. Langsam füttert sie ihn damit, und er öffnet die Augen. Er setzt sich auf. Sie versucht ihm zu erklären, woher dieses süße Zeug kommt, zeigt zum Fluss und sagt »smmmm smmmm«. Vielleicht entstand so das Wort »summen«?

Die Leute ihres Stammes sitzen um das Feuer und essen, und als es dunkel wird, entdecken sie, dass das Feuer noch etwas Wunderbares macht – es leuchtet! Wie anders sieht die Nacht aus, wenn man ein Lagerfeuer hat und rundum nicht völliges Dunkel herrscht! Das Mädchen ist glücklich. Da beginnt die Großmutter zu summen – eine Melodie, ein Lied. Dabei schlägt sie mit einem Stock einen Rhythmus auf einen Stein. Nach und nach stimmen die anderen ein. Was für eine Freude! Am Morgen werden sie eine Fackel mitnehmen und noch mehr Honig besorgen, und sie wird Zeit haben, sich die funkelnden Steine anzuschauen, morgen …

Doch plötzlich kommt ein Wind auf – und das Feuer verlischt!

Einige springen auf und versuchen, es wiederzubeleben. Aber sie wissen nicht, wie man ein neues Feuer macht. Feuer ist ein Geschenk des Himmels. Und jetzt hat der Himmel Wind geschickt und dieses Geschenk wieder zurückgenommen. Ihr kommen Tränen. Die Nacht ist plötzlich so viel dunkler. Betrübt machen sich alle fertig zum

Schlafen: Die Großmutter breitet Blätter auf der Erde aus und legt sich darauf. Das Mädchen schmiegt sich an sie und auch die Mutter legt sich dazu. Wie immer bleiben die Erwachsenen nicht länger auf als die Kinder – und alle schlafen zusammen unter freiem Himmel. Auch der Cousin schmiegt sich an seine Mutter. Beide schauen nach oben und betrachten das leuchtende Ding, das sich manchmal am Himmel zeigt und jedes Mal in anderer Form.

Der Cousin streckt die Arme zum Himmel, als wolle er dieses Leuchten berühren. Das ist doch unmöglich, denkt sich das Mädchen. Aber wer weiß, vielleicht findet man irgendwann einen Weg, dort hochzukommen? Dieser verrückte Gedanke macht ihr ein bisschen Mut.

Inzwischen werden sie auf der Erde weiterwandern. Morgen werden sie ein Stück flussaufwärts ziehen, wo es vielleicht mehr Nahrung gibt. Werden sie Essen finden? Werden sie Gefahren begegnen? Vielleicht findet sie wieder ein paar schöne Steine? Die ganze Welt steht ihr offen. Und auch übermorgen und an allen Tagen, die danach kommen (man nennt sie noch nicht Wochen, Monate oder Jahre), wird sie mit ihrem Stamm weiterziehen.

Mit der Zeit wird der Stamm in neue Gebiete vordringen, und mit den Jahren werden die Töchter und Söhne des Mädchens, ihre Enkelinnen und Enkel und ihre Urenkel und Ururenkelinnen die ersten Menschen sein, die den afrikanischen Kontinent verlassen und weiter entfernte Gegenden der Erde erreichen.

Von ihnen erzählen die folgenden Kapitel.

Was passiert in dieser Zeit sonst noch auf der Welt?

Neben der Gattung Mensch, von der du eben gelesen hast, die *Homo erectus* (aufrechter Mensch) heißt, leben in Afrika weitere Verwandte des Menschen: Schimpansen und andere affenähnliche Wesen, die aber aufrecht auf zwei Beinen laufen. Einer davon ist zum Beispiel der *Paranthropus boisei;* seine Zähne sind so groß, dass man ihn in der Forschung den »Nussknackermenschen« nennt.

Die Kontinente, die bis etwa 200 Millionen Jahre zuvor noch ein einziger Kontinent waren, rücken weiter voneinander ab, jedes Jahr ein paar Zentimeter.

Auf der Erde leben urzeitliche Tiere, wie der irische Elch, der über zwei Meter hoch ist und dessen Geweih 40 Kilo wiegt, Smilodon (bekannter unter dem Namen Säbelzahntiger) mit riesigen Reißzähnen, die aus seinem Maul ragen, und der Riesenbiber von der Größe eines Bären.

Die meisten Tiere in dieser Zeit fürchten sich wohl nicht vor dem Menschen; der ist einfach eines unter vielen anderen Tieren, nicht gefährlich und nicht irgendwie besonders.

JO UND MAMO

2

Vor
150 000 Jahren

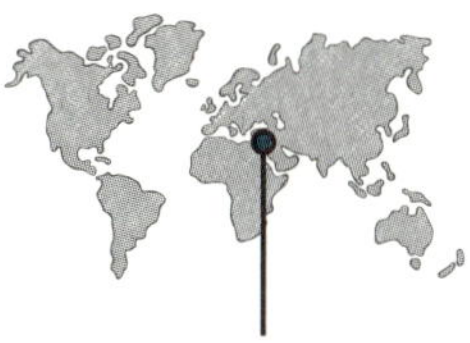

Karmelberg
heutiges Israel, Asien

Die Kinder, von denen wir nun erzählen, lebten eineinviertel Millionen Jahre später. Sie besaßen wahrscheinlich bereits Namen, das Mädchen hieß vielleicht Mamo und ihr Cousin vielleicht Jo.

Mamo und Jo wohnen auf dem Karmelberg. Nach Jahrtausenden der Wanderschaft ist ihr Stamm auf der Suche nach Nahrung hier angekommen. Sie wohnen nicht mehr unter freiem Himmel auf einem Berg, sie bewohnen jetzt eine Höhle. Würdest du sie fragen, würden sie sagen: »Es ist wunderbar, in einer Höhle zu wohnen. Im Sommer ist sie angenehm kühl, und im Winter schützt sie uns vor Regen. Es war eine großartige Idee unserer Großeltern, dort einzuziehen.«

Doch neuerdings wohnt noch jemand in nächster Nachbarschaft: ein Rudel Wölfe.

Zu der Wolfsfamilie gehören sechs ausgewachsene Wölfe und zwei Wolfsjunge. Sie leben gerne nah bei den Menschen, weil die ihnen immer wieder Reste ihrer erjagten Beute überlassen. Und für die Menschen ist diese Nähe gut, denn mit ihrem feinen Gehör bemerken Wölfe sehr viel früher, wenn sich Tiere anschleichen. Man kann von ihnen auch lernen, wo es sich lohnt zu jagen.

Heute früh passierte etwas Ungewöhnliches: Das Wolfsrudel war jagen gegangen, und einige der Erwachsenen und Jugendlichen des Menschenstammes waren ihm gefolgt. Aber die Wölfe hatten ein Junges allein zurückgelassen. Es sitzt da und blickt Mamo und Jo misstrauisch an, als sie sich ihm vorsichtig nähern. Schade, dass ich es nicht streicheln kann, denkt sich Mamo. Sie würde es gerne auf den Arm nehmen und sich um es kümmern. Doch Mamos Mutter sieht ihren Blick und lacht. Sie denkt sich, Tiere kann man doch nicht aufziehen! Was ist das für eine verrückte Idee, dass ein Tier bei dir bleibt und zu dir gehört! Tiere leben mit ihren Artgenossen und gehören zu ihresgleichen! Mamo hat manchmal komische Ideen!

Aber Mamo lacht nicht; sie macht sich Sorgen. Das Wolfsjunge liegt da und atmet kaum. Es hat die Augen geschlossen. Vielleicht ist es krank? Vielleicht ist es durstig oder hat Hunger? Mamo will ihm von der nahen Quelle Wasser bringen. Sie bittet ihren Cousin Jo, mitzukommen, denn sie hat Angst, allein jemandem von dem anderen fremden Stamm zu begegnen, der nicht weit von ihnen wohnt.

In letzter Zeit lebt nämlich in einer Höhle auf dem Berg noch ein anderer Stamm. Es ist nicht einfach eine andere Familie, bei ihnen handelt es sich um eine ganz andere Art von Menschen! Denn so, wie es heute verschiedene Arten von Hunden oder von Affen gibt, so gab es in der fernen Vergangenheit auch verschiedene Arten von Menschen. Jo und Mamo gehören zu derselben Menschenart wie wir heute, zu den »weisen Menschen« *(Homo sapiens)*. Deshalb sehen sie genauso aus wie wir. Doch die Familie, die nun nicht weit von Jo und Mamo lebt, ist von der Art der Neandertaler: Das sind etwas

kleinere Menschen mit einer breiteren Nase und Wülsten über den Augen, und sie haben fast kein Kinn. Sie verhalten sich sehr ähnlich wie Jo und Mamo und deren Stamm. Trotzdem sind die Eltern und Großeltern sehr besorgt. Jos Vater sagt: »Wenn die Nahrung knapp wird, werden sie womöglich unseren Stamm vertreiben, obwohl wir als Erste hier waren.« Und Mamos Mutter sagt, Mamo dürfe nicht mit deren Kindern spielen, weil sie anders sind.

Bevor sie zur Quelle gehen, schleichen sich Jo und Mamo zur Höhle dieser Familie. Am Eingang sitzt ein Neandertaler-Mädchen und schaut sie an. Sie sieht aus, als lächle sie ihnen zu, ein bisschen verschämt. Aber wer weiß, ob sie nicht etwas verbirgt?

Die Kinder holen leere Schildkrötenpanzer, um sie mit Wasser zu füllen, und gehen los. Mamo hat immer noch ein bisschen Angst, obwohl ihr Cousin mit dabei ist. Sie geht schnell und denkt an das Wolfsjunge – seinetwegen muss sie ihre Angst überwinden. Sie läuft zwischen dornigen Büschen hindurch. Wie gut, dass die Menschen schon die Kleidung erfunden haben! Das Hemd schützt die Haut und wärmt an kalten Tagen, auch wenn es nicht immer ganz ausreicht. Heute zum Beispiel ist es sehr kalt, und bei Wind bekommt sie eine Gänsehaut. Sie freut sich, dass sie später wieder in ihre warme Höhle zurückkehren kann, in der ein Feuer brennt, das Großvater und sie am Tag zuvor entfacht haben.

Es ist gar nicht leicht, Feuer zu machen, aber der Großvater kann das gut. Er reibt über einem Haufen von trockenem Gras zwei Stöcke aneinander, bis plötzlich ein Funke fliegt und dann Rauch aufsteigt – das Gras beginnt zu brennen! Mamo schaut ihm gerne dabei zu, und wenn es brennt, schiebt sie schnell einige trockene Äste dazu, und bald entsteht ein Lagerfeuer. Ein Glück, dass sie auch ohne die Hilfe von Blitzen ein Feuer entfachen können. Einmal hat sie gesehen, dass diese andere Familie einen dunklen Stein an einem anderen rieb und schnell ein Feuer entstand. Vielleicht kann man das von ihnen lernen? Vielleicht wissen sie, wie man dem armen Wolfsjungen helfen kann?

Darüber denkt Mamo nach, während sie zur Quelle gehen, und ihre Schritte werden schneller: Wir müssen rasch zurück zu dem kleinen Wolf. Doch plötzlich macht Jo ihr ein Zeichen, stehen zu bleiben. Er hat etwas im Gebüsch gehört. Sie bleiben stehen und ducken sich. Sie halten den Atem an. Was war das? Vielleicht ein Tier? Sie schauen sich vorsichtig um und gehen noch ein paar Schritte. Da steht vor ihnen das Neandertaler-Mädchen und noch ein größerer Junge, vielleicht ihr Bruder. Die beiden verstellen ihnen den Weg. Mamo und Jo sind angespannt. Wollen die Kinder sie nicht zur Quelle durchlassen? Werden sie sie angreifen?

Die fremden Kinder starren sie an, ohne sich zu bewegen. Mamo und Jo zögern, aber dann gehen sie langsam auf sie zu, Schritt für Schritt, und lassen die anderen Kinder nicht aus den Augen. Jo bemerkt, dass auch jedes von ihnen einen Schildkrötenpanzer in der Hand hält. Aber was haben sie in der anderen Hand? Sie ist zur Faust geballt! Vielleicht verstecken sie darin einen Stein oder eine Waffe?

Ohne lang zu überlegen, springt Jo auf den Jungen zu, packt dessen Hand und öffnet sie – und die Hand ist leer. Auch Mamo greift nach der Faust des Mädchens. Jetzt liegt die fremde Hand in ihrer Hand, warm und leer. Mamos Herz schlägt schnell, und das Mädchen ihr gegenüber zittert ein bisschen. Vielleicht haben die fremden Kinder ihre Hände nur deshalb zu Fäusten geballt, weil auch sie Angst hatten?

Sie stehen sich gegenüber, Hand in Hand und sehr verlegen. Der fremde Junge und das fremde Mädchen schauen Mamo und Jo in die Augen, drücken kurz ihre Hände und laufen dann davon. Dies ist vielleicht der erste Handschlag in der Geschichte – Mamo und

Jo werden ihrer Familie gleich davon erzählen. Und alle Mitglieder ihres Stammes werden sich angewöhnen, wenn sie Leute treffen, die Hand auszustrecken, um zu zeigen, dass sie leer ist und keine Waffe hält. Sehr viel später wird der Händedruck zu einer alltäglichen Geste werden, mit der man zeigt, dass man einander gut gesonnen ist.

Aber an so etwas denken Mamo und Jo jetzt nicht. Sie sind allein zurückgeblieben und gehen mit Herzklopfen weiter zur Quelle. Das Wasser spiegelt ihre erschrockenen Gesichter. Sie sehen ihr Abbild nur selten, denn Spiegel gibt es nicht. Normalerweise bleiben sie ziemlich lange an der Quelle. Doch heute sind ihre Gedanken woanders. Sie schöpfen schweigend mit den Schildkrötenschalen Wasser und wollen schnell zurück in die sichere Höhle.

Zu dumm, dass sie so langsam gehen müssen, um nichts zu verschütten. Um sich ein bisschen zu beruhigen und neuen Mut zu schöpfen, beginnt Jo eine Melodie zu summen. Sie soll fröhlich klingen. Er wiederholt sie immer wieder, damit er sie nicht vergisst. Sie gibt ihm ein Gefühl der Sicherheit. Jo gefällt die Melodie, die er erfunden hat, und er singt sie ununterbrochen, so dass sie in seinem Kopf bleibt. Denn es gibt ja noch keine Noten oder Tonauf-

zeichnungen, die ihm helfen würden, sie sich zu merken. Mamos Gedanken wandern zu dem Wolfsjungen. Wird es überleben?

Endlich kommen sie an, und Mamo sucht nach dem Kleinen. Sie möchte das Wasser möglichst nah an die Wolfshöhle stellen. Doch was sieht sie da? Vor der Höhle steht bereits ein Schildkrötenpanzer mit Wasser, und das Junge leckt schon daran! Mamo schaut sich um und sieht in der Nähe das Neandertaler-Mädchen sitzen. Sie lächelt sie an. Mamo weiß nicht, soll sie zurücklächeln? Sie schaut auf das Wolfsjunge. Es sieht schon besser aus, ist aber immer noch schwach.

Mamo ist traurig. Sie hätte sich doch so gern um das Kleine gekümmert, und jetzt kümmert sich das andere Mädchen. Mamo ruft das Junge, aber es erschrickt und läuft weg, direkt in seine Höhle. Die beiden Mädchen schauen sich an. Das Wolfsjunge muss doch trinken und zu Kräften kommen. Beide machen sich Sorgen und gehen langsam auf die Höhle zu. Jetzt stehen sie nebeneinander, haben aber Angst, hineinzugehen. Sie tun einen kleinen Schritt. Und noch einen. Ohne einander anzuschauen, tastet eine nach der Hand der anderen, und dann gehen sie zusammen noch näher an die Höhle.

Indessen sucht Jo seine Mutter. Er will ihr seine Melodie vorsingen, bevor er sie vergisst. Die Mutter ist in der Höhle und will gerade hinausgehen, um ein paar Pflanzen zum Essen zu sammeln: Sie wickelt Nini, das Baby, in ein großes Stück Leder und bindet es sich auf den Rücken, damit sie es mitnehmen kann. In der Hand hält sie den Korb, den sie gestern geflochten hat – aus weichen Zweigen und zusammengebundenen Stängeln. So kann sie mehr Früchte und Pflanzen tragen als mit bloßen Händen. Was für eine tolle Erfindung!

Jo geht zu ihr hinein, aber die Mutter sagt, er müsse noch kurz warten, denn genau in dem Moment bewegt sich der kleine Nini, als sei ihm unwohl. Die Mutter kennt diese Zeichen und geht deshalb schnell mit ihm aus der Höhle, wickelt ihn aus dem Leder und hält ihn über die Erde. Ja, sie hat recht gehabt, der kleine Nini muss mal. Wenn man ein Baby den ganzen Tag am Körper trägt, weiß man, was seine Bewegungen und seine Geräusche bedeuten. Nachdem Nini draußen sein Geschäft verrichtet hat, putzt die Mutter ihm mit einem Blatt von einem Busch den Po ab und wickelt ihn wieder in sein Tragetuch. Jetzt hat sie Zeit für ihren großen Sohn. Jo will ihr gerade die Melodie vorsingen, aber, oje, er kann sich nicht mehr erinnern. Die Melodie ist weg. Die Mutter streichelt ihm tröstend über den Kopf.

In dem Moment kehren mit großem Getöse die Älteren vom Jagen zurück. Mamo und das Neandertaler-Mädchen hören sie von weitem. Sofort lassen sie die Hände los. Man darf sie nicht zusammen sehen. Und das Wolfsrudel darf nicht sehen, dass sie versuchen, in seine Höhle einzudringen. Aber was sollen sie tun? Sie müssen sich um das Wolfsjunge kümmern. Mamo gibt ihrer neuen Freundin ein Zeichen: Warte hier! Sie läuft zu ihrer Familie. Alle setzen sich um das Feuer und bereiten das Fleisch vor. Der Vater wirft auch dem Wolfsrudel draußen ein paar Stücke Fleisch hin, und die Tiere stürzen sich darauf.

Mamo möchte dem Wolfsjungen schnell eine Portion Fleisch bringen, bevor das Rudel zu seiner Höhle zurückkehrt. Aber ihre Familie darf ihr Geheimnis nicht erfahren. Sie setzt sich mit allen ans

Feuer, will schnell essen und dann verschwinden. Doch das Fleisch auf dem Feuer ist zu heiß, um es anzufassen, und sie hat es eilig. Ungeduldig nimmt sie einen Stock und versucht, ein Stück Fleisch damit aufzuspießen und zum Mund zu führen. Da schimpft die Großmutter: »Nicht mit dem Stock, iss anständig, mit den Händen!«

Mamo fühlt sich ertappt. Als Großmutter nicht hinschaut, versteckt Mamo eine Portion für das Wolfsjunge und macht sich aus dem Staub. Bei der Wolfshöhle wartet noch immer das Neandertaler-Mädchen. Mamo zeigt ihr, was sie mitgebracht hat. Sie fassen sich wieder an den Händen und gehen mutig zusammen bis zum Eingang der Höhle, werfen das Fleisch davor, dann treten sie einen Schritt zurück.

Und tatsächlich, das Wolfsjunge kommt kurz heraus. Es schaut sie an und beginnt, schnell zu fressen. Danach wirft es ihnen noch einen Blick zu und wedelt mit dem Schwanz. Anscheinend hat das Essen ihm Kraft gegeben. Es kommt noch etwas näher, fast bis zu ihren ausgestreckten Händen, schnuppert, und dann läuft es weg.

Das Neandertaler-Mädchen streichelt Mamos Schulter, sie will sie aufmuntern: Vielleicht beim nächsten Mal.

Was passiert in dieser Zeit sonst noch auf der Welt?

Beide Arten von Menschen beginnen, ihre Toten zu begraben. Neben den Höhlen, von denen hier erzählt wurde, befindet sich das Grab einer Neandertalerfrau.

Die Neandertaler sehen anders aus als die Art Menschen, die wir sind, aber vermutlich würde ein Neandertalerkind in den Kleidern von heute in der Öffentlichkeit nicht besonders auffallen.

Die Menschen wissen schon, wie man Steine behauen muss, damit sie dünn und scharf sind und gut schneiden, fast schon wie Messer.

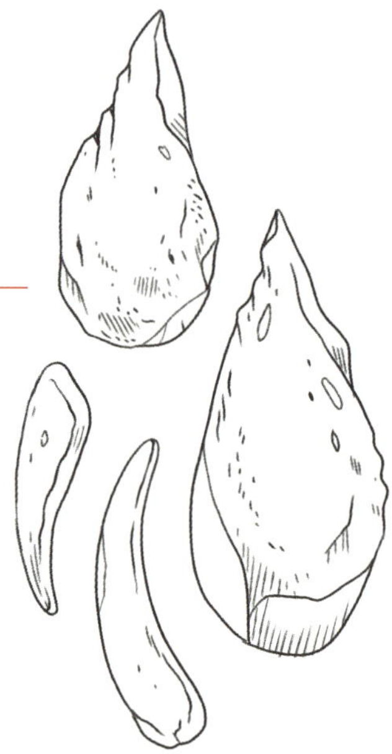

Die Höhlen, von denen in diesem Kapitel erzählt wurde, gibt es noch immer auf dem Karmelberg. Man kann sie besuchen.

3

Vor etwa
30 000 Jahren

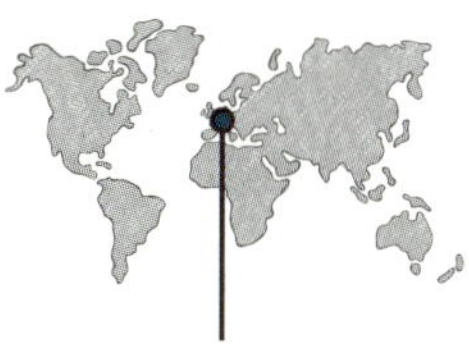

heutiges Frankreich,
Europa

ILI

Inzwischen sind 120 000 Jahre vergangen. Diesmal schließen wir uns Ili an. Er hat es gerade wahnsinnig eilig, um rechtzeitig zu einem wichtigen Treffen zu kommen, vor dem er sehr aufgeregt ist.

Auf den ersten Blick mag er dir wie noch so ein Kind aus der Vorzeit erscheinen, genauso wie die Kinder aus den vorigen Geschichten, und vielleicht fragst du dich: Was gibt es so viel zu erzählen von Kindern, die nur in Höhlen und zwischen Steinen gelebt haben?

Doch du musst wissen: Dass Kinder mit allen möglichen Gegenständen und Spielsachen in Häusern wohnen, ist ziemlich neu, das gibt es erst seit etwa fünftausend Jahren. Aber wir haben doch gesehen, Mädchen und Jungen existieren schon über Millionen Jahre! Das stimmt, und die längste Zeit, in der die Menschheit besteht,

lebten Menschen so mit ihrem Stamm in der Natur. Wenn du aber genau auf die vielen Einzelheiten in den Geschichten achtgibst, dann siehst du, dass sie sich nur auf den ersten Blick ähnlich sehen. Denn vieles hat sich im Laufe der Jahrtausende verändert.

Was ist also bei Ili neu?

Schon seit dem Morgen ist er ungeduldig. Beim Gehen streichelt er das Fell seiner Wölfin, die neben ihm herläuft, und schaut immer wieder hoch zur Sonne. Er kann es nicht erwarten, dass sie untergeht, dass endlich der Abend kommt. Er muss sehen, welche Form der Mond hat, wenn er abends aufgeht. Wird er endlich voll sein?

Er bittet die Mutter, ihm noch mal den breiten Knochen zu zeigen, auf dem sie die unterschiedlichen Formen, in denen der Mond erscheint, der Reihe nach eingeritzt hat. Das ist vermutlich der erste Kalender, den sich je jemand gemacht hat. Vielleicht ist es das erste Mal, dass sich jemand Gedanken macht über die Zeit; darüber, dass man sie genau messen kann, und im Grunde die Idee des »Monats« erfindet (denn nicht umsonst kommt das Wort »Monat« von »Mond«).

Ili schaut auf die Knochentafel: Er erinnert sich, vor vielen Tagen war der Mond eine dünne, etwas gerundete Linie, so wie sie auf der Tafel verzeichnet ist. Dann wurde er dicker und dicker, und gestern sah er fast aus wie ein voller Kreis! Wenn dem so ist, kann es sein, dass der Mond heute Abend so voll sein wird wie der auf der Tafel, und dann wird morgen die Zusammenkunft von allen Stämmen stattfinden! Sein Stamm und alle anderen Stämme der Gegend wissen nämlich, dass sich am Tag nach dem Vollmond alle an einem bestimmten Platz versammeln. Du hast bestimmt längst verstanden, dass zur Zeit von

Ili Menschen schon miteinander reden, schwierige Gedanken ausdrücken und Pläne machen können – und deshalb konnten sie auch solche Treffen planen.

Was ist nun so aufregend an dieser Versammlung? Erstens mag Ili diese Zusammenkünfte, denn dort findet er neue Freunde, trifft entfernte Verwandte und hört, was sie Interessantes erlebt haben. Er lernt von ihnen und spielt mit ihnen.

Der zweite Grund für seine Aufregung, und eigentlich der wichtigere, ist, dass Ili bei diesen Versammlungen die Möglichkeit hat, ein bestimmtes Mädchen wiederzutreffen. Er hat sie schon ein paarmal gesehen, und sie gefällt ihm sehr.

Hoffentlich kommt nichts dazwischen! Es müsste klappen: Denn er ist schon seit zwei Tagen mit seiner Wölfin und dem ganzen Stamm unterwegs, zurück zu der Höhle, in der sie normalerweise wohnen. Bis zum Abend müssten sie dort ankommen, und von da aus erreichen sie problemlos am nächsten Tag den Platz der Zusammenkunft.

Seit einem Monat sind sie in einer anderen Gegend gewesen, wo eine Pflanze wächst, die sie sehr mögen. Diese haben sie vor einigen Jahren entdeckt. Seitdem versuchen sie, die Zeit, in der sie reift, nicht zu verpassen und immer rechtzeitig zu kommen, um sie zu ernten. Es ist eine eigenartige Pflanze – sie hat goldene, harte Ähren, und man kann sie nicht gleich essen wie andere Stängel. Aber wenn man ihre Körner zerstößt, gibt es ein Pulver, und als sich das einmal

zufällig mit etwas Wasser vermischte, entstand ein Teig. Den backten sie über dem Feuer und entdeckten, dass er zu einem sehr leckeren und sättigenden Backwerk wurde, für das sich dieser ganze Aufwand lohnt! Sie nannten es »Brot«.

Ili isst sehr gerne Brot, findet es aber blöd, dass man für diese Ähren so weit wandern muss. Doch zur Zeit von Ili wissen die Menschen noch nicht, dass sie bestimmen können, wo Ähren wachsen. Der Wind verstreut die leichten Samen, wohin er will – und eben ausgerechnet an einen Ort so weit weg.

Ili läuft schneller. Warum trödeln die anderen so? Wildpferde galoppieren an ihnen vorbei. Schade, dass man auf ihnen nicht sitzen kann, dann kämen sie schneller an. Aber er weiß, dass das Unsinn ist. Pferde werden niemals Menschen auf sich sitzen, geschweige denn sich reiten lassen. Sie würden ihn sofort abwerfen. Und selbst wenn es ihm gelänge, auf einem Pferd sitzen zu bleiben, wie sollte er es dahin lenken, wohin er will?

»Wir gehen so langsam«, hört die Wölfin Ili seufzen und leckt ihn am Bein. Ili streichelt ihr Fell. Ein Glück, dass seine Wölfin bei ihm ist; sie ist seine beste Freundin.

Plötzlich stellen sich ihre Ohren auf. Schleicht sich da etwas an? Jetzt hört auch Ili ein Getöse, das schnell näher kommt. Was ist das? Eine Mammutherde kreuzt stampfend ihren Weg. Sie sind riesig, so groß wie ein mittlerer Baum. Ihr gelbliches Fell weht beim Galopp im Wind, und auf beiden Seiten ihres Rüssels ragen lange Elfenbeinzähne hervor.

Die Mammutherde ist noch nicht verschwunden, da springen schon einige Männer des Stammes auf und jagen ihr nach: Das ist die Gelegenheit, ein Mammut zu jagen! Ili schaut ihnen hinterher und kann es nicht glauben: Ausgerechnet jetzt?! So eine Mammutjagd kann dauern, manchmal tagelang! So schaffen wir es nie! Ili will protestieren, aber die Jäger sind längst weit weg, und sowieso hört keiner auf ihn. Er beklagt sich bei seiner Mutter. Sie nimmt ihn in

den Arm und sagt: »Ist doch nicht so schlimm, es wird ja noch andere Zusammenkünfte mit den Stämmen geben. Wir haben nicht jeden Tag die Gelegenheit, ein Mammut zu jagen!«

Andere Zusammenkünfte?!, denkt sich Ili wütend, die Mutter hat ja keine Ahnung. Er muss dieses Mädchen morgen treffen. Unbedingt!

Es wird Abend, der Mond steigt auf. Ein ganz und gar runder Mond, genauso wie er es erwartet hat. Wie sehr hat er auf diesen Anblick gewartet, und jetzt kann er sich gar nicht freuen. Seine Wölfin heult. Der Stamm übernachtet in einer nahegelegenen Höhle, um die Rückkehr der Jäger abzuwarten. Sie machen Feuer. Ili ist völlig verzweifelt. Seine Wölfin schmiegt sich an ihn. Aus seinem Hemd zieht er den hohlen Knochen, den ihm das Mädchen bei ihrem letzten Treffen gegeben hat und den er seitdem immer bei sich trägt, wohin

er auch geht. Dieser Knochen besitzt Wunderkraft: In ihm stecken alle möglichen Laute, denn das Mädchen hat Löcher in ihn gemacht und sie kann auf ihm blasen und schöne Töne aus ihm herausholen. Sie hat den Knochen Ili gegeben, aber bei ihm kamen keine schönen Klänge heraus. Jetzt versucht er es wieder. Er bläst fest hinein, aber der Knochen macht nur gereizte und verärgerte Töne. Tu tu tu! Tu tu tu! Tu tu tu!

Die Wölfin schließt sich seinem Jaulen an, und seine Mutter sagt: »Genug jetzt, Ili, es reicht!« Ili steht auf und tritt wütend gegen die Höhlenwand. Als ob es nicht schon schlimm genug ist, dass sie hier festsitzen. Jetzt darf er noch nicht mal zeigen, wie er sich fühlt.

Seine ältere Schwester sieht, wie niedergeschlagen er ist, und hat eine Idee. Sie nimmt eine Handvoll rötliche Erde vom Eingang der

Höhle, legt sie auf ein großes Blatt und vermischt sie mit ein bisschen Öl, das sie immer dabeihaben. Ili verfolgt ihre Bewegungen gelangweilt. Danach hält sie für einen kurzen Moment einen Zweig ans Lagerfeuer und zündet ihn an, dass er ihnen als Fackel dient, und gibt Ili ein Zeichen, mitzukommen. Sie geht sehr weit in die dunkle Höhle hinein, und Ili folgt ihr. Die Fackel leuchtet ihnen den Weg.

Tief in der Höhle angekommen, bleibt sie stehen und legt das Blatt mit dem rötlichen Flecken Erde vor Ili hin. Sie reißt ein paar Haare aus dem Fell ihres Umhangs und bindet sie ans Ende des Knochens, den er bei sich trägt. Dies ist der erste Pinsel auf der Welt! Sie reicht ihn Ili und erleuchtet mit der Fackel die Höhlenwand.

»Mal die Wand an«, flüstert sie ihm zu. »Tauch die Borsten in die Erde auf dem Blatt und schmier sie an die Wand. Dann wirst du dich besser fühlen. Das mache ich immer, wenn ich traurig bin oder wütend.«

Ili nimmt den Pinsel und stürzt sich auf die Wand. Zuerst schmiert er die Farbe einfach wütend überallhin, aber plötzlich entsteht etwas daraus. Er denkt an die Mammutherde, er möchte so sehr, dass die Erwachsenen schnell eins fangen und zurückkommen, und plötzlich malt er: Beine, Körper und Kopf. Ein Mammut! Und Menschen, die ihm hinterherjagen. Dies sind die ersten Zeichnungen auf der Welt. Seine Schwester erschrickt ein bisschen. Die sehen nämlich ziemlich echt aus. Plötzlich ist da ein Mammut an der Höhlenwand! Sie möchte es anfassen, hat aber Angst. Sie tritt zurück und beobachtet das Bild aus sicherem Abstand.

Ili hat sich immer noch nicht beruhigt. Er malt wild weiter, bis alle Borsten des Pinsels ausgefallen sind und er nur noch den hohlen Knochen in der Hand hat. Aber er spürt, er muss noch weitermachen. Da nimmt er noch etwas Farbe und füllt sie in das Loch im Knochen und bläst sie mit seiner ganzen Wut gegen die Wand. Die Farbe spritzt in alle Richtungen. Immer wieder bläst und spritzt er, manchmal auch auf die Hand, mit der er sich an die Wand stützt, dann hinterlässt seine Hand dort einen hellen Flecken. Endlich wird er ruhiger und schaut auf die Wand. Ili und seine Schwester sehen sich an und staunen. Ohne ein Wort gehen sie wieder hinaus zu den anderen und legen sich schlafen. Das Geheimnis des Malens behalten sie erst mal für sich. Ili schläft schnell ein, mit dem Knochen in der Hand. Er ist müde und erschöpft und ein bisschen weniger verzweifelt.

Mit dem ersten Morgenlicht hört er aus der Ferne fröhliche Stimmen, die ihn aufwecken: »Wir haben ein Mammut erlegt! Wir haben ein Mammut erlegt!« Ili staunt. Er und seine Schwester tauschen Blicke und haben beide einen ähnlichen Gedanken: Kann es sein, dass sein Malen geholfen hat? Kann ein Bild besondere Kräfte haben? Sie gehen noch einmal tief in die Höhle und erleuchten das Bild mit einer Fackel. Die Bilder sind noch da.

Schnell rennt Ili zurück zum Ausgang der Höhle. Er betrachtet die fröhlichen Jäger, die das Fleisch sehr schnell zerschneiden und einpacken, um weiterzuziehen – sie müssen sich beeilen. Heute ist schließlich die Zusammenkunft der Stämme! Der Knochen ist noch immer in seiner Hand, und Ili nimmt auch noch schnell etwas von der roten Erde mit. Dann zieht er mit den anderen weiter. Er läuft schnell, die Wölfin hüpft neben ihm her, und er plant ein neues, ganz wunderbares Bild, das er bald malen will: das Bild von einem Jungen und einem Mädchen bei Vollmond.

Was passiert in dieser Zeit sonst noch auf der Welt?

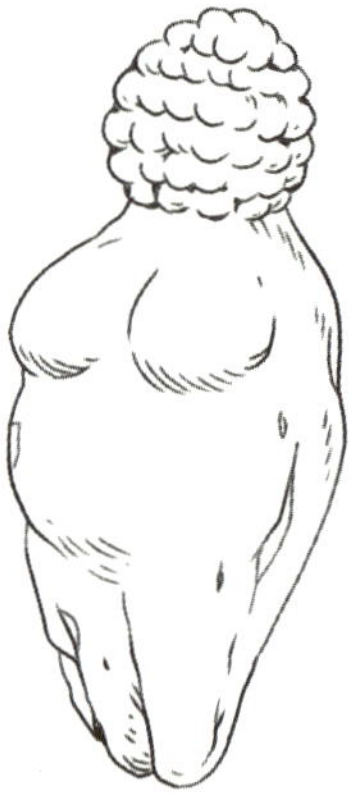

Auf der Erde herrscht noch immer Eiszeit. Die Temperaturen liegen im Durchschnitt acht Grad unter denen von heute. Da wegen der Kälte viel weniger Flüsse und Schmelzwasser in die Ozeane fließen, sinkt dort der Wasserspiegel, und an einigen Stellen kommt Land zum Vorschein. Man könnte jetzt zu Fuß von Europa nach Amerika gehen – aber erst in 25 000 Jahren werden Menschen das tun und das erste Mal nach Amerika gelangen.

An vielen Stellen auf der Welt beginnen Menschen zum ersten Mal, einfache Steinfiguren zu machen.

Die letzten Neandertaler sterben aus.

Den Menschen ist kalt, und sie wandern wieder nach Süden auf der Suche nach wärmeren Gegenden. Dank des gefrorenen Eises sind Australien, Neuguinea und Indonesien noch immer miteinander verbunden, und man kann sie vom Kontinent Asien aus zu Fuß oder über das niedrige Wasser mit Booten erreichen. So kommt der Mensch bereits 10 000 Jahre vor diesem Kapitel nach Australien, also viel früher als nach Europa.

4

Vor etwa
10 000 Jahren

heutige Türkei,
Asien

MELG

Melg sitzt mittags draußen am Feuer und spielt mit ein paar grünlichen Steinen, die sie gefunden hat. Der große Stein, das ist der Vater, der zweite große Stein ist die Mutter, die beiden anderen können gut der Großvater und die Großmutter sein, und der kleine, der ist ein Mädchen. Melg stört es nicht, dass die Steine keine Gesichter, keine Arme und Beine haben, sie weiß noch nicht, was Puppen sind, und bei Steinen kann man sich alles vorstellen.

»Guten Morgen«, sagt die Steinoma zum Steinmädchen, »komm, mein Liebes, wir gehen ein paar leckere Pflanzen sammeln.«

»Au ja«, sagt das Steinmädchen freudig.

Aber der Steinpapa mischt sich mit tiefer Stimme ein: »Unmöglich, sie muss heute auf dem Weizenfeld mithelfen! Es gibt viel Arbeit.«

»So ist es«, sagt Melg, jetzt spielt sie die Steinmama, »und wozu überhaupt noch sammeln? Wir bauen auf dem Feld Weizen an, der versorgt uns fürs ganze Jahr, da müssen wir nichts mehr suchen und sammeln!«

»Dieses Feld wird euch nur Kummer bereiten«, behauptet die Steinoma.

»Stimmt nicht!« – »Doch!« – »Nein!« Der Streit in der Steinfamilie wird lauter.

Melgs richtige Großmutter sitzt in der Nähe und zerstößt mit einem Stein Weizenkörner. Betrübt verfolgt sie das Spiel ihrer Enkelin. Denn genau so streiten sie in letzter Zeit jeden Morgen. Heute früh hat sich auch Großvater eingemischt. Er verkündete: »Ich rufe jetzt meinen Enkel, damit er mit mir jagen geht.« Und Vater erklärte grinsend: »Gerno wird nicht mit dir jagen, auch er muss mit aufs Feld. Zur Weizenernte.« Großvater war wütend ins Nachbarhaus gegangen, wo die Familie von Melgs Cousin Gerno wohnt.

Melg hatte nichts gesagt, Tränen waren ihr in die Augen gestiegen. Sie wusste, Gerno würde nicht mit dem Großvater jagen gehen, genauso wie sie schon lange nicht mehr mit der Großmutter zum Sammeln gewesen ist. In letzter Zeit gibt es auf dem Feld viel Arbeit, und da helfen sie und ihr Cousin natürlich mit. Schon lange seufzt die Großmutter und klagt: »Weil wir kaum noch sammeln und jagen, hat mein Körper schon vergessen, sich zu bewegen.«

»Auch mir tun die Knie weh«, antwortet die Mutter dann immer, »es ist nicht leicht, sich den ganzen Tag zu bücken, zu säen, zu ernten, zu mahlen. Aber wenn wir hart arbeiten, werden wir viel Mehl haben. Und falls es keine Pflanzen zum Sammeln gibt, werden wir nicht mehr hungrig sein.«

»Mehl, Mehl, Mehl, was sollen wir mit so viel Mehl?«, murmelt die Großmutter. Und der Vater erklärt: »Einige Leute von unserem Stamm haben mir gezeigt, wie sie eine Schafherde ein-

gezäunt halten, damit sie nicht von anderen Tieren gerissen werden oder weglaufen. Und jetzt im Frühling, wo die Schafe ihre Lämmchen haben, haben sie auch Milch. Manchmal, wenn das Lämmchen an der einen Zitze seiner Mutter trinkt, gelingt es unseren Freunden, von der anderen Seite etwas Milch zu nehmen. Die Leute interessieren sich sehr für unser Feld, seit es uns gelungen ist, dort Weizen anzubauen. Wir tauschen jetzt unseren überflüssigen Weizen gegen Wolle und Schafsmilch! Auf diese Art werden wir mehr als nur Mehl haben.«

»Und was sollen wir mit Schafsmilch?« Großmutter kann es nicht glauben. »Sollen Menschen die Milch von Schafen trinken? Was habt ihr für seltsame Ideen? Säuglinge trinken die Milch ihrer Mütter, aber wozu sollten Erwachsene Milch trinken? So ein Unsinn!«

»Du bist von der alten Generation, du verstehst das nicht«, sagt Mutter dann zu ihr.

»Ihr seid jung, und ihr habt keine Ahnung!«, schimpft Großmutter.

So streiten sie jeden Morgen, und Melg hört diese Streitgespräche mit an und schaut auf den Boden. Was soll sie tun? Die Arbeit auf dem Feld ist anstrengender und langweiliger als das Sammeln, aber vielleicht ist sie ja wichtig, damit es ihnen nie an Essen fehlen wird. Auf wessen Seite soll sie sich schlagen? Jetzt streitet ihre Steinfamilie immer wilder, sie stoßen und schlagen sich, bis ihr zwei aus der Hand fliegen. Ihr Bruder, das Baby, sitzt nackt nicht weit von ihr und lacht.

»Das ist überhaupt nicht komisch«, schreit Melg ihn an.

Sie sucht wütend nach den Steinen, die ihr weggeflogen sind. Das Baby erschrickt und kriecht weinend zur Großmutter. Die Großmutter gibt ihm eine Rassel, eines der ersten Spielzeuge, die Menschen erfunden haben. Gefertigt aus den leeren Schalen einer großen Nuss und dem Kern einer Frucht, den die Großmutter hineingetan hat. Das Ganze hat sie dann mit Baumharz zugeklebt. Das Baby klappert mit der Rassel und ist wieder zufrieden.

Den ganzen Morgen war es mit auf dem Feld gewesen, hatte auf dem Rücken der Mutter geschlafen und herumgeschaut. Und jetzt kam es zusammen mit den Kindern zurück, zu einer kleinen Pause bei der Großmutter am Feuer vor dem Haus. Schon bald wird die Mutter es wieder auf den Rücken binden, und sie wird bestimmt auch Gerno und Melg rufen, wieder mit aufs Feld zu kommen. Melg möchte unbedingt die Steine finden, mit denen sie gespielt hat, bevor Mutter zurückkommt.

»Ich glaube, deine Steine sind in Richtung Feuer geflogen«, sagt Gerno, der auch bei ihnen sitzt und sich gerade eine Kette aus Muscheln macht. Er trägt gerne schöne Ketten und schenkt Melg auch eine.

Melg probiert sie an, aber sie weiß, dass es besser ist, die Kette während der Arbeit auf dem Feld zu Hause zu lassen. Deshalb geht sie kurz ins Haus, und wenn wir »Haus« sagen, dann meinen wir ein richtiges Haus, keine Höhle. Es ist aus Lehmziegeln, die ihre Familie selbst hergestellt hat. Es gibt nur ein Zimmer ohne Fenster, aber Melg kennt nichts anderes, und deshalb findet sie es wunderbar.

Sie wartet, bis sich die Augen ans Dunkel gewöhnen. Zwei Mäuse huschen an ihr vorbei. Sind die süß! Und da ist eine Ameisenstraße dicht an der Wand. Melg ist es gewohnt, dass kleine Tiere und Insekten mit im Haus leben – das ist ganz natürlich. Menschen und Tiere teilen sich eine gemeinsame Welt.

Jetzt geht sie zu der neuesten Erfindung ihrer Eltern: einem Regal aus Baumstämmen und Lehmziegeln, auf das man Dinge legen kann. Jetzt, da die Menschen seltener von einem Ort zum anderen ziehen, bewahren sie immer mehr Dinge auf, und deshalb brauchen sie Regale. Melg legt die Kette auf das unterste Regalbrett. Dort liegen schon ein paar weiche Stoffe. Es sind die ersten Stoffe auf der Welt, gefertigt aus Schafswolle. Erst vor ein paar Tagen haben sie und Mutter entdeckt, dass feuchte Wollstückchen aneinanderkleben und zu einem flachen Stück weicher Stoff werden. Melg kniet sich davor und streicht mit der Hand darüber. Das fühlt sich gut an. Was könnte

sie aus diesen Stoffen machen? Weichere Kleider als die ledernen, die sie tragen? Etwas Warmes, womit man sich in kalten Nächten zudecken kann? Oder vielleicht auch einen Schmuck fürs Haus? Denn abgesehen von den Regalen und dem großen Heuhaufen, auf dem sie zusammen schlafen, ist das Haus ziemlich leer: Die Feuerstelle und fast alle Arbeitsgeräte befinden sich draußen, denn da ist es hell und man kann gut arbeiten.

Bevor sie hinausgeht, wirft sie noch einen Blick auf das Regal. Dort steht eine Schale mit der Schafsmilch, die sie vor ein paar Tagen zum ersten Mal bekommen haben. Melg riecht daran. Sie riecht sauer. Wer will so etwas trinken? Sie nimmt sie mit nach draußen.

»Großmutter, schau mal, was mit der Milch passiert ist!« Die Großmutter nimmt das Gefäß und betrachtet es. Auf der Milch schwimmt oben das Fett, und es riecht sonderbar. Das Baby streckt die Hand aus und will die Milch probieren. Die Großmutter tut ein bisschen von der Milch mit dem Fett in seine Rassel, klebt sie wieder zu und schüttelt sie. Jetzt klingt die Rassel anders, der Kern platscht in der Flüssigkeit, und das Baby freut sich und schüttelt sie selbst.

»Wo ist Gerno?«, fragt Melg.

»Auf dem Feld«, sagt die Großmutter.

Melg seufzt. Die Eltern werden ihr böse sein, dass sie noch nicht dort ist und hilft! Vorbei sind die Tage, an denen Kinder ihre Zeit für

sich hatten. Könnte sie doch nur weiterspielen. Sie wirft einen Blick auf die Steine, die in Richtung Feuer geflogen sind. Was ist mit ihnen geschehen? Sie haben sich am Feuer erwärmt und sind ein bisschen geschmolzen! Mit Hilfe eines Stocks rollt sie sie vom Feuer weg, an eine Stelle, wo es nicht so heiß ist. Sie sind so weich, dass sie bei der Berührung mit dem Stock wieder ihre Form verändern. Jetzt kühlen sie ab und werden hart, aber ihre Farbe hat sich verändert, jetzt sind sie orangebraun. Wie merkwürdig!

Melg hebt sie auf und untersucht das neue Material. Viele Jahre später wird man es Kupfer nennen, aber das weiß sie noch nicht. Sie denkt sich: Wenn diese grünen Steine weich und dann wieder hart werden, könnte ich noch mehr davon zusammenschmelzen und ihnen eine neue Form geben. Ich könnte etwas Nützliches aus ihnen machen, zum Beispiel ein scharfes Werkzeug, mit dem ich nur auf die Weizenhalme schlagen muss, damit sie brechen. Dann hätte ich mehr Zeit zum Spielen und sogar Zeit, mit Großmutter sammeln zu gehen. Sie schaut sich um.

»Großmutter, hilfst du mir mal, diese grüne Felsplatte zum Feuer zu bringen?« Sie zeigt auf einen großen Stein.

Sie versuchen, das Felsstück hochzuheben, heben es tatsächlich ein bisschen an, aber sie können es nicht tragen, noch nicht mal einen Schritt weit. Es ist zu schwer. Wie sollen sie es bewegen? Die Großmutter hat eine Idee. Sie bringt einige Baumstämme, und mit großer Mühe ziehen sie die Felsplatte darauf und rollen sie in Richtung Feuer. Immer wenn die Felsplatte etwas nach vorne gerollt ist, schieben sie schnell noch einen Baumstamm davor und rollen sie weiter. Das Baby schaut sie an und lacht. Die Großmutter sagt zu ihm: »Wenn du groß bist, wirst du es bestimmt noch klüger anstellen …« Und es strahlt sie an und winkt mit seiner Rassel. Aber es ist enttäuscht, denn die Rassel rasselt nicht mehr. Auch die Großmutter wundert sich: Man hört den Kern in der Milch gar nicht mehr. Sie lässt alles liegen und untersucht die Rassel. Nichts ist aus der Rassel herausgetropft. Großmutter öffnet das Spielzeug und staunt. In der Nuss ist eine zähe, fettige Creme entstanden, in der der Kern feststeckt. Sie steckt den Finger hinein und probiert. Was für ein Geschmack! Ein Genuss!

Doch noch bevor sie Melg ihre Entdeckung zeigen kann, hören sie laute Stimmen näher kommen. Viele Menschen schimpfen wütend, fuchteln mit den Händen und schlagen sich sogar. Melg hat Angst und versteckt sich hinter der Großmutter. Sie sieht, es sind alles Leute ihres Stammes. Und auch Vater und Mutter sind mit dabei. Was ist passiert?

Melgs Familie und eine andere Familie sind in Streit geraten: Ihre Felder liegen nebeneinander, und jetzt, zur Zeit der Ernte, behaupten die Leute der anderen Familie, dass Melgs Familie auf ihr Feld geht und auch dort Ähren schneidet. Aber Melgs Familie ist sich sicher, dass sie nur auf ihrem eigenen Feld ernten und nicht ins Gebiet der anderen eingedrungen sind. Sie haben sich so sehr gestritten, dass sie sich schließlich geschlagen haben! Das war vielleicht der erste Krieg auf der Welt um ein Stück Erde. Denn erst in dieser Zeit beginnen die Menschen zu denken, dass das Land ihr eigen ist.

Melg ist besorgt. Sie traut sich nicht,

hinzuschauen, aber Großmutter beruhigt sie: Die Familien gehen zum großen Rik. Er ist das Oberhaupt des Stammes. Er wurde für diese Aufgabe nicht gewählt – er ist ein alter Mann mit viel Lebenserfahrung, und alle schätzen seinen Rat. Seit der Stamm so groß geworden ist und sie zusammen so viele Dinge organisieren müssen – das Bauen von Häusern, die Feldarbeit und so weiter – spüren sie, dass es einen Anführer braucht, der die Regeln festlegt und der entscheidet, wer recht hat.

Der große Rik begleitet sie zu den Feldern. Er legt fest, wo die Grenze zwischen den Feldern verläuft, und zum ersten Mal wird eine Grenzmauer zwischen zwei Menschen errichtet. Bis sie mit alldem fertig sind, ist es schon Abend. Vater und Mutter kommen nach Hause. Die Großmutter schüttelt den Kopf und sagt: »Ich hab euch doch gesagt, es wird nur Probleme geben, wenn ihr glaubt, dass die Erde euch gehört!«

Das ist wohl das erste »Ich hab es euch doch gesagt« in der Geschichte. Schon damals mochte das niemand, und tatsächlich schweigt die Mutter verärgert, als sie an alle das Brot verteilt. Aber als die Großmutter aus der Rassel die erste Butter auf der Welt herausholt und jeder sich ein bisschen davon auf sein Brot schmiert, werden alle Gesichter fröhlich, und Großmutter sagt mit lachenden Augen: »Früher hielt die Welt alles für dich bereit. Du musstest dich nicht dafür anstrengen. Ab jetzt wirst du dein Brot im Schweiße deines Angesichts essen – aber ich gebe zu, es schmeckt ziemlich gut.«

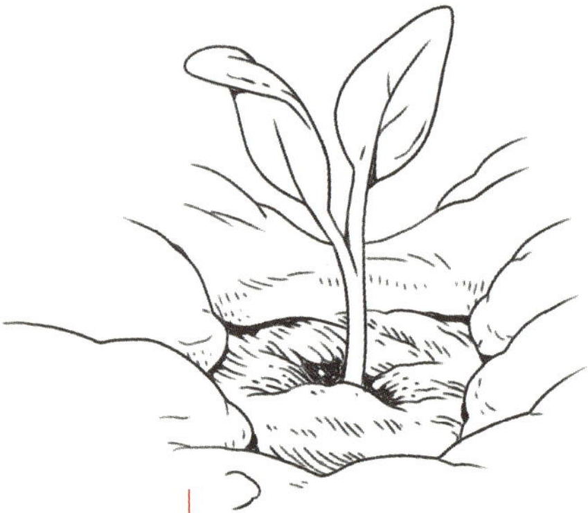

Was passiert in dieser Zeit sonst noch auf der Welt?

- Die Eiszeit geht zu Ende. Das Wetter wird wärmer, und es wird leichter, Getreide anzubauen.

- Vermutlich deshalb kommt es überall auf der Welt (so wie in Melgs Familie) zu einer landwirtschaftlichen Revolution: Die Menschen beginnen, die Erde zu bebauen. Dafür werden sie an einem Ort sesshaft und beschließen, dass der Boden dort »ihnen gehört«, sie streiten um den Boden, bauen feste Häuser und sammeln in ihnen allerlei Dinge.

- Möglicherweise benutzen die Menschen in dieser Gegend bereits eine alte Sprache, aus der sich später viele der Sprachen entwickelten, die wir heute von Indien bis Europa sprechen. In dieser alten Sprache bedeutet das Wort »Melg« wie heute auf Deutsch »Milch«, und das Wort »Gerno« bedeutet Getreide (heute auf Englisch: »grain«).

- Zweitausend Jahre später werden die ersten Städte der Welt gebaut.

- Ziege, Kuh und Schwein werden nach und nach von den Menschen gezähmt, aber auf der ganzen Welt gibt es um diese Zeit nur ein paar tausend Ziegen, Kühe, Schafe und Hühner, und die meisten von ihnen leben frei. (Heute leben auf der Welt etwa eine Milliarde Schafe, eine Milliarde Kühe und 25 Milliarden Hühner, die meisten davon in Gefangenschaft.)

- Die Art der Zwergmenschen, die in Indonesien lebte, stirbt aus. Der *Homo sapiens* bleibt die einzige Menschenart auf der Welt.

5

Vor etwa 5000 Jahren
(3200 v. Chr.)

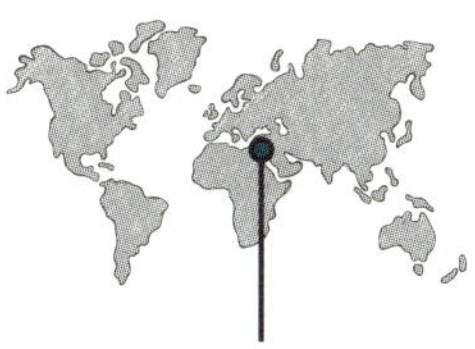

Sumer, Mesopotamien, heutiger Irak, Asien

UR-MEME

Das Nervigste in der Schule ist der Monatsanfang, denkt sich Ur-Meme. Erstens muss er am ersten Tag eines jeden Monats außer seiner Tasche auch einen Krug Öl, einen Beutel voll Gerste und einen Milchschlauch schleppen. Das alles gibt er in der Schule dem Lehrer, als Bezahlung für den Unterricht. Denn Geld wurde noch nicht erfunden, man bezahlt mit Nahrungsmitteln und anderen Naturalien.

Das zweite Problem ist aber, dass sein Vater ihn am Monatsanfang zur Schule begleitet, um ihm tragen zu helfen. Ur-Meme ist sehr besorgt: Vater wird den Lehrer bestimmt fragen, wie er mit dem Schreiben vorankommt. Was wird der Lehrer ihm dann sagen?

Vater und er sind seit ihrer Jugend befreundet, als der Lehrer noch nicht Lehrer war. Im Grunde, bevor es Lehrer und noch bevor es über-

haupt so etwas wie Schule oder Klassen gab. Ihre Freundschaft begann, als die Einwohner der Stadt einen Tempel für die Göttin des Planeten Venus bauen wollten. Sie betrachten die Sterne sehr genau und wissen, wann jeder von ihnen wo erscheint.

Sie glauben, dass die Sterne Kräfte besitzen, die ihnen helfen. Deshalb beschlossen sie, für diese Göttin einen Tempel zu bauen, und baten Vater und seinen Freund, die Verantwortung für die Bezahlung der Arbeiter zu übernehmen.

Da saßen Vater und sein Freund dann in einem großen Lagerraum, in dem viel Getreide lag und viele Tonkrüge standen, und sie waren ziemlich verwirrt. Es fiel ihnen schwer, sich zu jedem Zeitpunkt zu erinnern, wie viele Ölkrüge sie hatten und wie viel sie denen, die die Wände bauten, bezahlen mussten. Wie viele Portionen Gerste standen denen zu, die die Ziegel anfertigten, und wie viele denen, die den schönen Schmuck aus blauen Steinen herstellten? Wie viele Tage hatten jene gearbeitet, die die Statuen meißelten? Sie mussten zu viele Einzelheiten im Kopf behalten, und das war schwierig!

Nachdem sie sich miteinander beraten hatten, ritzten sie in Lehmtafeln ein einheitliches Zeichen für das Wort Getreide, ein anderes Zeichen für das Wort Öl, eines für das Wort Ziegel, wieder ein anderes für das Wort Statue und verschiedene Zeichen für die Zahlen. So entstand die Keilschrift, die so heißt, weil diese Zeichen wie kleine Keile aussahen.

Einige Nachbarn und Bekannte hörten davon und baten sie, auch für sie Dinge aufzuschreiben, die sie nicht vergessen wollten. Da erfanden Vater und sein Freund noch mehr Zeichen. Immer mehr Leute kamen zu ihnen und schon bald wurden sie die Schreiber der Stadt.

Das alles geschah, als Ur-Meme noch sehr klein war. Mit den Jahren wollten sich immer mehr Leute etwas aufschreiben lassen. Da zeigten Vater und der Lehrer noch anderen Leuten, wie man Keilschrift schreibt. Irgendwann begriffen sie, dass man das Schreiben auch den Kindern beibringen sollte, damit die, wenn sie mal groß sind, ihre

Aufgabe übernehmen können. Vaters Freund war bereit, der Lehrer zu sein, und so entstand im Grunde die erste Schule auf der Welt.

In dieser Schule lernt Ur-Meme jetzt. Er gibt sich so große Mühe, schön zu schreiben und sich alle Schriftzeichen zu merken, aber er kriegt es nicht immer hin. Gestern zum Beispiel störte ihn eine Fliege. Er sprach den Zauberspruch gegen Fliegen, aber aus irgendeinem Grund flog die Fliege nicht weg. Und dann wurde seine Schrift ganz krumm, und der Lehrer sagte, er solle noch mal neu anfangen. Was, wenn der Lehrer das Vater erzählt?

»Vielleicht kann ich das alles auch selbst tragen, und du gehst zurück nach Hause?«, schlägt Ur-Meme seinem Vater vor, aber der tut, als habe er nichts gehört. Ur-Meme seufzt und versucht, sich mit dem Gedanken aufzumuntern, was die Mutter ihm heute wohl als Vesper für die Schule eingepackt hat: Vielleicht Fladenbrot? Getreidebrei mit Honig und Butter? Hoffentlich hat sie nicht vergessen, auch ein paar Datteln dazuzutun. Das ist die einzige Süßigkeit, die Ur-Meme und die Kinder seiner Zeit kennen, und er mag sie sehr. Seine Tasche ist leicht, denn außer Essen ist nichts darin. Ur-Meme hat keine Schreibinstrumente oder Tafeln in der Tasche. Er bringt sie nie mit. Er stellt sie in der Schule selbst her!

Der Schulweg ist nicht lang, aber er führt über die Hauptstraße, auf der morgens viele Menschen unterwegs sind. Immer wieder begrüßt Vater Bekannte und Freunde. »Vater, kennst du denn alle Menschen der Stadt?«, schimpft Ur-Meme. »Unsinn«, sagt Vater lachend, »ich kenne viele, aber alle kann man gar nicht kennen. Wir wohnen ja nicht im Dorf, sondern schon in einer richtigen Stadt mit ungefähr fünfzigtausend Menschen.«

Ur-Meme mag es nicht, wenn sie dauernd zwischen den Fremden stehen bleiben, er möchte endlich in der Schule ankommen. Aber da ist jemand, den er doch gerne trifft: Schagamu, seine Cousine, ist unterwegs zum Markt. Sie hat Ur-Meme nicht bemerkt. Ur-Meme will ihr nachlaufen und sie daran erinnern, dass sie sich für den Nachmittag verabredet haben. In seiner Zeit spielt man gerne ein Spiel, bei dem man einen Reifen mit einem Stock anstößt. Und Schagamu und er stellen die besten Reifen aus weichen Zweigen her. Das Problem ist nur, dass sich Schagamus Zwillingsbruder in letzter Zeit wie eine Klette an sie klammert. Er heißt Werbistu, denn als Schagamu geboren wurde, staunten alle, dass da noch jemand außer ihr im Bauch war, und fragten: »Wer bist du?« Solche Namen sind in ihrer Zeit üblich. Werbistu will auch mitspielen, er lädt noch die Nachbarskinder ein, und dann wollen alle mal drankommen. Deshalb haben sich Schagamu und Ur-Meme gestern überlegt, was sie machen können. Schagamu schlug vor, dass sie jeden Tag drei neue Reifen anfertigen, und Ur-Meme rechnete aus, dass sie in sieben Tagen genügend Reifen für alle Cousins, Geschwister und Nachbarn hätten. Und sie hatten abgemacht, heute damit zu beginnen. (Er sagte »sieben Tage«, weil es zu ihrer Zeit zwar schon »Monate«, aber noch keine »Wochen« gibt.)

Doch als Ur-Meme zu Schagamu laufen will, zögert er. Vielleicht ist es besser, wenn Schagamu ihn nicht auf dem Weg zur Schule sieht, denn sie beneidet ihn darum. Schagamus Vater ist auch Schreiber, und normalerweise lernen die Kinder den Beruf ihres Vaters. Aber die Väter vererben ihren Beruf lieber an ihre Söhne als an die Töchter. Deshalb geht Werbistu zur Schule und lernt schreiben, während Schagamu, wie die meisten Mädchen, zu Hause bleibt. Sie muss auf den kleinen Bruder aufpassen, der Mutter helfen und lernen, was eine gute Hausfrau so macht.

Das ist ungerecht, denkt sich Ur-Meme. Schagamu ist sehr klug und zeichnet sehr schön, wenn sie am Flussufer in den feuchten Schlamm malen. Sie könnte eine gute Schreiberin sein. Wenn sie in die Schule käme, würde sie ihm bestimmt helfen und ihm die Antworten zuflüstern.

Da kommt plötzlich sein Freund Lu-Dingiara. Auch er erlernt den Beruf seines Vaters. Dieser ist ein Priester, der Erfahrung damit hat, Geister zu vertreiben, und so begleitet Lu-Dingiara ihn zu seiner Arbeit. Vielleicht kann Lu-Dingiara den Lehrer mit einem Zauber belegen, damit er seinem Vater nichts erzählt? Aber Ur-Meme kann ihn nicht darum bitten, denn sein Vater würde es hören. Lu-Dingiara winkt ihm zum Abschied zu.

Jetzt sind sie schon fast da. Sie gehen etwas schneller. Die Straßen sind nicht gepflastert, sondern einfach aus festgetretener Erde. Deshalb ist die Straße, abgesehen von den Unterhaltungen der Vorübergehenden, ziemlich still. Es fahren keine Fahrzeuge, weil es noch keine gibt. Aber was ist das dann für ein Lärm? Ur-Meme hatte schon gehört, dass einige Leute etwas erfunden haben, das sie »Wagen« nennen, aber er hat das noch nie mit eigenen Augen gesehen. Doch nun bietet sich ihm die Gelegenheit: zwei Stiere, angebunden an ein Holzbrett, unter dem sich zwei große Kreise bewegen. Diese »Räder« sind Scheiben aus einem sehr dicken Baumstamm. Die Stiere gehen langsam, aber sie können viele Krüge auf einmal ziehen. Das Rad ist eine neue, ganz gewaltige Erfindung. Wenn ich einen Wagen hätte, überlegt Ur-Meme, könnte ich alles selbst ziehen, und Vater müsste nicht mit mir zur Schule kommen.

Doch dann, ein paar Meter vor der Schule sieht Ur-Meme einen armen Jungen, etwa in seinem Alter, der aus Ziegeln eine Wand für

ein prächtiges Haus von reichen Leuten baut. Ur-Meme schämt sich für seine Gedanken. Er weiß, er sollte dankbar sein, dass er zur Schule gehen und lernen darf.

Zum ersten Mal in der Geschichte findet man reiche und arme Leute: Jetzt gehört nicht mehr alles auf der Welt allen, und man kann nicht einfach aus der Stadt hinausgehen und genügend Nahrung sammeln. In der Stadt leben viele Menschen, und es gibt nicht genügend für alle. Wer nicht selbst etwas anbaut oder eine Arbeit findet, die mit Nahrungsmitteln bezahlt wird, hat nichts zu essen. Deshalb müssen die Kinder armer Leute als Bauarbeiter arbeiten.

Als sie die Schule erreichen, betet Ur-Meme zur Göttin: Wenn der Lehrer nichts sagt, werde ich mir mehr Mühe geben, ein guter Schüler zu sein!

Am Eingang zum Hof begrüßt der Lehrer Vater freudig, und bevor der ihn etwas fragen kann, trägt er die Milch, das Öl und das Getreide in den Lagerraum und bleibt ziemlich lange weg. Vater wartet und wartet und sagt schließlich: »Ich muss jetzt zur Arbeit.«

Ur-Meme freut sich und verabschiedet sich schnell, doch dann sagt Vater: »Bis später, Ur-Meme, ich hol dich nach der Schule ab, und dann rede ich mit deinem Lehrer.«

Ur-Meme dankt der Göttin von ganzem Herzen, dass er noch eine Gelegenheit bekommen hat. Er verspricht sich, heute besser zu werden, damit der Lehrer später Gutes über ihn berichten wird.

Der Schultag beginnt – zuerst gehen sie zusammen zum Fluss hinunter und machen sich Schreibtafeln und Schreibwerkzeuge. Das ist für Ur-Meme das Schönste: den Fluss zu sehen, und die Kanäle, die gegraben wurden, um die Felder zu bewässern. Im Schilf gibt es auch viele Vögel, Schildkröten und Nagetiere. Ur-Meme nimmt eine gute Handvoll Lehm vom Ufer und macht sich daraus eine runde Tafel. Er klopft auf den Lehm, aber sie sieht eher aus wie die krummen Fladenbrote seiner kleinen Schwester, wenn sie der Mutter hilft. Ur-Meme will schon aufstehen, doch er erinnert sich, dass er sich heute mehr bemühen will. Deshalb macht er noch eine Tafel, mit der er zufriedener ist. Es ist zwar keine so ehrwürdige viereckige Tafel wie die, auf die Vater bei der Arbeit schreibt, aber für Schreibübungen ist sie gut genug. Jetzt bricht er sich noch ein Stück Schilf ab, mit dem er in die Tafel ritzen kann, und spitzt das Ende mit einem Messer an.

Zurück in der Schule setzt sich Ur-Meme mit seinem Schülergriffel draußen auf den Boden. Der Unterricht findet im Hof statt, weil es in den Häusern immer dunkel ist. Ur-Meme reicht dem Lehrer seine Tafel, damit er Zeichen daraufschreibt. Ur-Meme muss sie dann vorlesen und abschreiben, in die leeren Linien, die der Lehrer auf der Rückseite der Tafel für ihn zieht. Was wird ihm der Lehrer heute aufschreiben? Die Zeichen sehen schön aus und interessant, und er erinnert sich schon, für welches Wort jedes Zeichen steht: Zwei Wellenlinien sind das Wort für Wasser, das Bild der Sonne ist das Wort für Tag, ein Viereck bedeutet Haus. Als er die Tafel zurückbekommt, steht da aber auch ein Zeichen, an das er sich nicht erinnert. Es sieht aus wie ein Kopf und eine Schüssel. Da fällt es ihm wieder ein: Ah, das ist das Wort für Essen.

Eigentlich macht ihm das Abschreiben Spaß, es ist nur nicht so leicht, auf die feuchte Tafel zu schreiben, ohne das Geschriebene zu verwischen. Er muss sich konzentrieren.

Als er das Wort Stier schreibt – einen Kopf mit zwei Hörnern –, erinnert er sich an die Geschichte, die er am Tag zuvor von dem

Geschichtenerzähler gehört hat, der manchmal in die Stadt kommt. Sie berichtete von dem Helden Gilgamesch, dem es gelang, den gewaltigen Himmelsstier zu bezwingen. Eine schöne Geschichte! Und dank der Melodie konnte er sie auch ganz gut behalten. Auf diese Art merkt man sich in der Zeit von Ur-Meme Geschichten. Man schreibt sie noch nicht auf. Die Melodie und die Wörter klingen in Ur-Memes Kopf, und er versinkt in seine Gedanken. Es wäre doch toll, diese Geschichte aufzuschreiben, aber das geht nicht. Wenn er zum Beispiel schreiben will, dass der Stier gegangen ist, wie soll er das Wort »gehen« schreiben? Er könnte Beine malen, aber da wird man noch nicht verstehen, ob er geht, ob er gegangen ist oder gehen wird! Und in der Geschichte gibt es so viele Wörter. Man müsste dafür viele neue Zeichen erfinden. Es ist zu kompliziert. Und dennoch hält er an seinem Traum fest, einmal eine Geschichte zu schreiben, nicht nur Wörter und Listen. Vielleicht wird er eines Tages derjenige sein, dem das gelingt.

Plötzlich merkt Ur-Meme, dass der Lehrer zu ihm kommt, er schreckt aus seinen Gedanken hoch und schreibt weiter. Hoffentlich hat der Lehrer nichts gemerkt.

Am Ende des Schultages kommt Vater. Ur-Meme zieht ihn an seinem Kleid, will, dass sie gleich heimgehen, damit er mit Schagamu und ihren Reifen spielen kann. Aber Vater besteht darauf, im Hof zu warten, bis der Lehrer Zeit für ihn hat.

»Macht mein Ur-Meme gute Fortschritte?«, fragt er den Lehrer besorgt.

Der Lehrer blickt Ur-Meme lange in die Augen.

»Ja«, sagt er schließlich, »er wird mal ein guter Schreiber werden.«

Ur-Meme atmet auf, und der Lehrer fügt hinzu: »Und ich habe auch den Eindruck, dass er mal sehr interessante Geschichten schreiben wird ...«

Was passiert in dieser Zeit sonst noch auf der Welt?

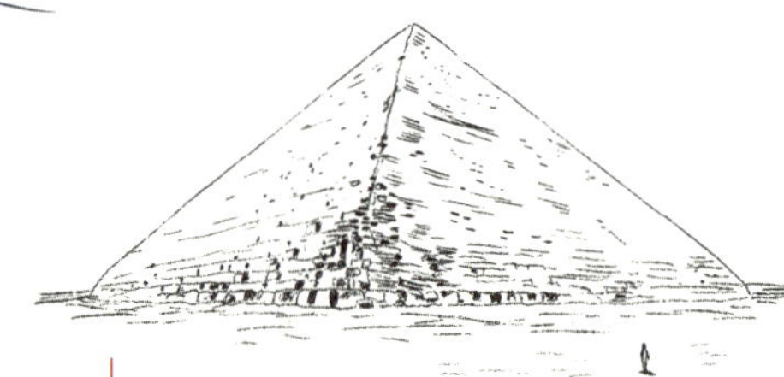

In einigen Gegenden werden schon Pferde gezähmt, aber an den meisten Orten der Welt reiten die Menschen sie noch nicht.

Dort, wo heute Indien und Pakistan liegen, blüht die Kultur des Indus-Tals. Die Leute planen und errichten Städte, die wie ein perfektes Netz aufgebaut sind, so wie heute New York. Sie können schon ganz genau messen.

In Ägypten wird die große Cheops-Pyramide errichtet. Sie ist das einzige der sieben Weltwunder, das heute noch besteht.

Die Errichtung von Stonehenge beginnt – ein Ort in Südengland, an dem riesige Steine in einem Kreis angeordnet stehen.

Dort, wo heute Kalifornien in den Vereinigten Staaten ist, wächst ein kleiner Baum, und der steht dort bis heute. Er heißt Methusalem-Baum und gilt als der älteste Baum der Welt.

MERIT-AMUN

6

Vor etwa 3500 Jahren
(1500 v. Chr.)

Ägypten, Nordafrika

Merit-Amun ist sehr aufgeregt. Morgen ist ein besonderer Tag: Ein Festtag! Die meisten Tage von Merit gleichen sich. Jeden Tag mahlt sie Weizen, jeden Tag holt sie Wasser aus dem Kanal und gießt damit die Gemüsebeete und die Obstbäume nicht weit vom Haus ihrer Familie. Jeden Tag kümmert sie sich um ihre kleine Schwester. Sie begleitet außerdem ihre Mutter, wenn die zu schwangeren Frauen geht, um deren Kinder auf die Welt zu holen. Das soll sie von ihr lernen. Merit ist zwar noch ein Mädchen, aber zu dieser Zeit arbeiten Kinder überall mit. Und in wenigen Jahren, etwa mit sechzehn, wird sie schon eine eigene Familie und eigene Kinder haben, und es ist gut, wenn sie alle diese Tätigkeiten dann schon beherrscht.

Merit erledigt ihre Arbeiten gerne. Sie stellt sich dabei allerlei Dinge

vor und spielt. Immer hat sie ein besonderes Spielzeug dabei: eine Puppe, die Vater für sie gemacht hat: eine der ersten Puppen auf der Welt. Sie ist aus Holz, und zum ersten Mal sind an ihrem Kopf Fäden festgemacht, fast wie Haare. Merit liebt diese Puppe sehr und nimmt sie überall mit hin, und wenn sie arbeitet, sitzt die Puppe neben ihr und hilft ihr. Senedjem, Merits Cousin, der in der Nähe wohnt, webt normalerweise auf einem Webstuhl Stoffe. Er kommt nur vorbei und hilft ihr, wenn sie die Tiere der Familie versorgt. Dann spielen sie auch mit den jungen Schäfchen, den kleinen Ziegen und Eseln. Schade, dass sie nicht alle Arbeiten zusammen verrichten können, aber daran kann man nichts ändern. Jungen mahlen nun mal kein Mehl, und Mädchen können keine Stoffe weben. So denkt man in der Zeit von Merit.

Aber heute haben sie doch etwas gemeinsam zu tun: Heute arbeitet die ganze Großfamilie zusammen, um besondere Kleider für das Fest zu fertigen. In der Zeit, in der Merit lebt, gibt es schon andere Arten von Kleidung: Kleider aus den Fäden der Leinenpflanze. Die Leinenkleider sind leichter und angenehmer zu tragen als die aus Leder oder Wolle. Sie sind unseren heutigen Kleidern schon ziemlich ähnlich. Die Ägypter entdeckten auch, dass man Fäden mit roter und blauer Farbe färben kann, die man aus unterschiedlichen Pflanzen gewinnt. Merits Festkleid wird ein wunderschönes Muster haben.

Alle arbeiten also bei der Herstellung der Fäden, der Farben und Kleider zusammen: Die Frauen und die Mädchen färben die Fäden, die Männer und die Jungen weben am Webstuhl, und die Einzige, die nicht mitarbeitet, ist Mau, die Katze. Sie dämmert im Schatten und macht die Augen nur ab und zu einen Spalt weit auf. Merit liebt die Katze und ehrt sie auch. Und nicht nur Merit: Alle mögen Mau, denn Katzen sind im alten Ägypten heilig. Katzen sind klug, flink und schlau, edel und willensstark. Ihnen ist es zu verdanken, dass die lästigen Mäuse nicht den ganzen Weizen wegfressen.

Aber Merits Katze ist nicht mehr so flink wie früher. Sie ist schon

alt und hebt nur noch mit Mühe den Kopf, wenn Merit zu ihr kommt und sie streichelt. Merit macht sich Sorgen. Vielleicht wird sie bald sterben?

Senedjem bemerkt, dass Merit traurig ist. »Mau ist wirklich schon sehr alt«, sagt er, »aber sei nicht traurig. Wenn sie stirbt, balsamieren wir ihren Körper und umwickeln ihn mit Binden, so wie die Familie es immer tut. Wir legen ihr leckeres Essen hin und auch die Fäden, mit denen sie so gerne spielt. So wird sie dann zu einer wunderbaren Reise in die kommende Welt aufbrechen und für immer beim Sonnengott sein.«

»Aber trotzdem werde ich mich nach Mau sehnen, auch wenn sie in der kommenden Welt weiterleben wird«, sagt Merit traurig und streichelt das Fell der alten Katze. Doch plötzlich kommt ihr eine Idee. Senedjem hat den Sonnengott Amun erwähnt, nach dem sie heißt – Merit-Amun, die Geliebte von Amun. Vielleicht wird der Sonnengott ihr helfen? Sie hat einen Plan und kann die ganze Nacht vor Aufregung nicht schlafen.

Am Morgen steht sie auf: Das Fest beginnt! Alle anderen der Familie schlafen länger, denn heute muss niemand arbeiten.

Den Morgen werden sie zu Hause verbringen: Der Vater spielt auf der Harfe, der Onkel trommelt, die anderen tanzen. Merit und Senedjem sind auch mit dabei. Später spielen die Erwachsenen Senet, das erste Brettspiel auf der Welt. Aber damals galten Brettspiele als etwas für Erwachsene, und Merit findet es langeweilig, nur zuzuschauen und ihre kleine Schwester davon abzuhalten, dauernd die Spielsteine wegzunehmen. Wann ist endlich Mittag? Merit hat keine Uhr, deshalb geht sie

ab und zu hinaus, um zu sehen, wann die Sonne mitten am Himmel steht. Heute lässt sich die Sonne viel Zeit!

Endlich ist es so weit. Alle ziehen ihre schönen neuen Kleider an und gehen hinunter an den Nil, um den Festzug zu sehen. Merit rennt voraus und ruft: »Beeilt euch!«

Der Umzug ist eines der seltenen Ereignisse, bei denen das ganze Volk den Sonnengott und seinen Sohn sehen kann. Gut, nicht wirklich den Sonnengott selbst, aber den Kasten, in dem sich seine Statue befindet. Man glaubt, dass Statuen eine der Arten sind, in denen sich Gott offenbart. Jetzt wirst du fragen: Und wer ist der Sohn des Sonnengottes, der zusammen mit ihm kommt? Es ist der König von Ägypten. Zur Zeit von Merit ist der Anführer bereits so stark und bedeutend, dass man ihn König nennt. Er ist nicht, wie in der Vergangenheit, einer aus dem Stamm, sondern lebt abgeschieden vom Volk: Er wohnt in einem Palast, man hält ihn für göttlich und glaubt, dass er besondere Kräfte besitzt. Zum Beispiel wird man von allen Krankheiten geheilt, wenn man seine Füße küsst.

Denkst du jetzt, dass Merit Mau zum König schickt, damit Mau ihm die Füße leckt und gesund wird? Nein, das würde Merit nicht wagen. In dieser Epoche gelten die Menschen nicht mehr als gleich, so wie es in der fernen Vergangenheit war. Sie werden schon seit langem in verschiedene Stände unterteilt: Die Könige, die Adeligen und das einfache Volk. Für Merit ist es selbstverständlich, dass sie als einfaches Mädchen geboren wurde. Sie würde es nie wagen, Mau zum König zu schicken.

Doch es gibt etwas anderes, was das einfache Volk an diesem Tag machen darf: Am Festtag darf jeder zu den Priestern hingehen, die die Statue des Sonnengottes tragen, und dem Gott eine Frage stellen. Und die Statue antwortet! Wie? Sie wankt ein bisschen hin und her. Wenn sie nach vorne und hinten wankt, ist die Antwort »ja«, und wenn sie zu den Seiten hin wankt, ist die Antwort »nein«. Merit kann den Gott fragen, ob er helfen kann, dass Mau dieses Jahr nicht stirbt.

Das ist keine ungewöhnliche Frage. Es ist das Neujahrsfest und viele wollen wissen, ob sie im kommenden Jahr leben oder sterben werden. Denn man weiß, dass die Götter an diesem Fest beschließen, wer gesund bleiben und wer krank werden, wer leben und wer sterben wird. Und tatsächlich gab es nach dem Neujahrsfest immer viele Tote zu beklagen. Heute nehmen wir an, dass zur Festzeit, am Ende des Sommers, in Ägypten viele Menschen an Bakterien starben. Diese entwickelten sich in dem schlammigen Wasser, das der Nil hinterließ, wenn er das Land in dieser Jahreszeit überschwemmte. Die Bewohner dieser Gegend tranken die Bakterien mit dem Wasser und wurden sehr krank. Aber zur Zeit von Merit kannte man Bakterien noch nicht.

Merit steht in einer langen Schlange, um dem Gott ihre Frage zu stellen. Sie ist furchtbar aufgeregt und umarmt ihre Puppe fest. In der Zeit von Merit gibt es schon Gegenden auf der Welt, in der die Städte und Ansiedlungen miteinander verbunden sind und gemeinsame Feste feiern, gemeinsame Götter und einen König haben – man nennt sie Königtümer. Merit schaut sich die Leute an, die von weither angereist sind, und fragt sich, wie es dort, wo sie herkommen, wohl aussieht. Merit hat diese Orte noch nie gesehen und wird sie wohl auch nie besuchen. Während sie noch darüber nachdenkt, rückt

die Schlange vor. Schon kann sie die Gesichter der Priester sehen, die die Statue tragen. Sie sind rasiert und völlig glatt, ohne ein Haar. Haar gilt in dieser Zeit als unrein und schmutzig und passt nicht zur heiligen Arbeit der Priester.

Jetzt ist sie an der Reihe. Die Statue selbst kann sie nicht sehen. Sie weiß aber, sie ist aus Gold und Edelsteinen gefertigt und steht in dem Kasten, der mit einem schönen Stoff bedeckt ist. Nur wichtige Priester dürfen sie sehen. Das ganze Jahr über steht sie im Innersten des Tempels, und man darf nicht zu ihr hineingehen. Aber jetzt hat Merit die Gelegenheit.

Mit zitternder Stimme stellt sie ihre Frage: »Oh, Gott Amun, kannst du helfen, dass meine Mau dieses Jahr nicht stirbt?«

Sie wartet gespannt. Warum wankt der Kasten nicht? Doch dann hat sie den Eindruck, dass er sich etwas bewegt … vielleicht … ja! Der Kasten neigt sich ein bisschen vor … und zurück … vor und zurück!

Als Merit nach Hause zurückkehrt, eilt sie zu Mau und beugt sich über sie. Sie krault Mau am Kinn, wie sie es mag, und Mau beginnt zu schnurren. Sie macht die Augen auf und schaut Merit lange an, wirft ihr einen langen Blick zu, sehr grün und sehr weise.

Was passiert in dieser Zeit sonst noch auf der Welt?

In Ägypten regiert die Pharaonin Hatschepsut. Sie begann in Ägypten große Bauprojekte und entwickelte den Handel. In ihrer Regierungszeit herrschte Frieden.

Das erste Mal notieren Menschen, dass sie einen Kometen am Himmel gesehen haben. Die Weisen des Kaisers von China schreiben es auf einen Knochen, den sie dazu benutzen, die Zukunft vorherzusagen. So wollten sie erfahren, was der vorbeiziehende Stern über die Zukunft sagt.

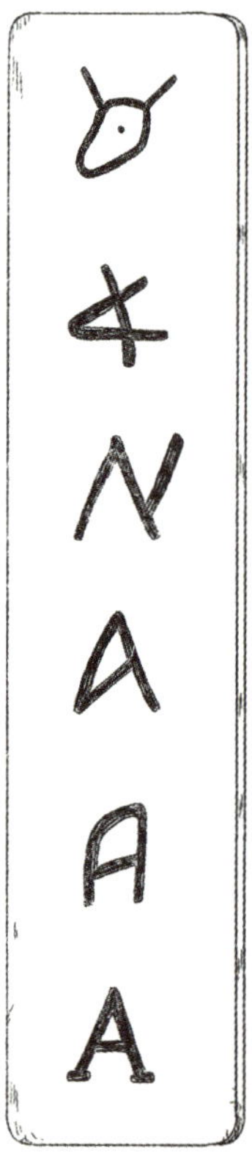

Im Nahen Osten entwickelt sich eine Alphabetschrift: Nicht mehr Tausende von Zeichen, von denen jedes eine andere Sache bedeutet, die man sich alle merken muss, sondern eine kleine Anzahl von Buchstaben, von denen jeder einen bestimmten Laut verkörpert. Aus ihnen setzt man dann die Wörter zusammen. Aus diesen Buchstaben entwickelte sich auch die Schrift, in der dieses Buch geschrieben ist.

Der Pfirsich verbreitet sich von Ostasien aus über die Welt.

Vor etwa
2500 Jahren
(500 v. Chr.)

Athen, Griechenland, Europa

KORINNA

Wann ist mir diese Idee gekommen?, fragt sich Korinna. Sie denkt sich, dass sie ihr kam, als sie gerade Zimtstangen kauften. Ja, es war bestimmt der wunderbare Zimtgeruch, der sie auf diesen verrückten Gedanken gebracht hatte. Aber vielleicht war es auch schon vorher gewesen? Als sie, wie jeden Morgen, mit der Mutter und der Großmutter im Innenhof saß, stickte und ihnen zuhörte, wie sie wunderbare Verse aus den berühmten Erzählgedichten ihrer Zeit vortrugen.

Da war dieses Gedicht über einen Helden, der auf einem Schiff weit hinaus in die Fremde fuhr. Als sie ihnen lauschte, hatte sie versucht, sich diese fernen Orte vorzustellen. Denn sie selbst hatte die Stadt, in der sie wohnte, noch nie verlassen. Vom höchsten Punkt ihrer Stadt aus hatte sie einmal am Horizont einen blauen Streifen gesehen, und auf ihm einen dunklen Flecken. Man hatte ihr erklärt, dies seien das Meer und ein Schiff. Doch wie sah so ein Schiff aus der Nähe aus? Und wie war es, mitten auf dem Meer zu segeln? Auch Mutter und Großmutter hatten so etwas noch nie gesehen, aber sie hatten ihr eine Vase gezeigt, auf die ein segelndes Boot gemalt war. Und Korinna schaute es sich an und versuchte, den Helden auf dem Meer auf ihren Stoff zu sticken.

Ein anderes Lied, das sie an diesem Morgen gesungen hatten, erzählte von der Göttin Athene, die mit einem Riesen kämpfte und ihn dann von einem Vulkan begraben ließ. Korinna hatte einen furchterregenden Riesen gestickt, aber wie ein Vulkan aussah, wusste keine von ihnen.

»Macht nichts«, hatte die Mutter gesagt. »Wir müssen jetzt sowieso los und die Erledigungen für die Reise deines Bruders machen. Er bricht ja schon morgen nach Olympia auf!«

Ihr großer Bruder Philostratos war als bester Läufer der Stadt ausgewählt worden, sie bei den Olympischen Spielen zu vertreten. Die Olympischen Spiele sind ein besonderer Wettkampf, der 250 Jahre bevor Korinna zur Welt kam, erfunden wurde: Alle vier Jahre kommen Sportler aus ganz Griechenland in Olympia zusammen, um gegeneinander anzutreten.

Philostratos war um diese Zeit beim Training gewesen, und Korinna wusste, dass er und der Vater sich am nächsten Tag auf den Weg machen würden. Sie wusste auch, dass sie auf die Reise nicht mitkommen durfte, denn das war ein Ereignis nur für Männer. Aber das störte sie nicht sehr. Sie war es gewohnt, dass die meisten öffentlichen Ereignisse nur für Jungen waren und Mädchen sich hauptsächlich zu Hause aufhielten.

Während sie aber hinter der Mutter und der Großmutter hergelaufen war, um Pferde und einen Wagen zu mieten und auf dem Markt Reiseproviant einzukaufen, war in ihr plötzlich ein Gefühl der Reisefreude erwacht.

Sie hatten nach Lebensmitteln gesucht, die unterwegs nicht schlecht würden. Rosinen und trockene Feigen hatten sie zu Hause mehr als genug, weil in ihrer Gegend Trauben und Feigen gut gediehen. Aber zu Ehren dieses besonderen Ereignisses wollte die Mutter Philostratos etwas Besonderes kaufen, etwas, was nicht in ihrer Gegend wuchs. Korinna hatte an verschiedenen Ständen geschaut. Vielleicht hatten die Händler etwas Seltenes aus ferneren Gegenden dabei?

Da war ihr ein besonderer, ein neuer Duft in die Nase gestiegen. »Kommt her, wir kaufen ihm diese Stangen!«, hatte sie gerufen. »Der Händler sagt, das sei Zimt. Man müsse ihn fein mahlen und übers Essen streuen.«

»Eine Stange? So etwas kann man essen?«, hatte sich die Großmutter gewundert.

»Ich bezahle es selbst«, sagte Korinna, »ich habe ein paar kleine Eulen dabei.«

»Kleine Eulen?«, wunderte sich die Großmutter noch mehr.

»Ja, du weißt schon, diese Münzen. Die, auf deren einer Seite eine Eule ist«, erklärte Korinna.

»Unglaublich«, hatte die Großmutter gerufen und Korinnas Haar gestreichelt. »Meine Mutter hat noch nicht einmal gewusst, was Münzen sind. Sie hat immer in Ölkrügen und Mehl bezahlt. Und siehe da, du, meine Enkelin, kaufst völlig unbekannte Dinge und hast schon einen Namen für das Geld, als sei das alles ein Kinderspiel.«

Aber Korinna hatte ihr nicht zugehört. Sie hielt die Augen geschlossen und roch an dem Zimt aus dem Sack. Es war ein Geruch von Ferne, von Reisen, und da war ihr eben diese Idee gekommen: Sie würde heimlich mitfahren.

Am nächsten Morgen, noch bevor jemand aufstand, war sie unauffällig auf den Wagen geklettert und hatte sich unter einigen Säcken Proviant versteckt. Kurz darauf waren auch der Vater und Philostratos aufgestiegen. Sie waren so beschäftigt mit den Segenswünschen der wichtigen Leute der Stadt, dass sie Korinnas Fehlen nicht bemerkt hatten.

Und jetzt liegt sie also hier unter den Säcken, und plötzlich fahren sie los. Der Wagen rumpelt, und Korinnas Herz schlägt schnell. Was hast du nur gemacht?, fragt sie sich und bekommt es mit der Angst zu tun. Doch als sie den Mut fasst, aus ihrem Versteck hinauszuschauen, sieht sie: Die Pferde haben die Stadt bereits verlassen. Wie schnell die Pferde laufen! Es ist das erste Mal, dass sie in einem Wagen fährt, der von Pferden gezogen wird. Sie ist ein paarmal auf einem Esel geritten, aber ein Wagen mit Pferden, das ist etwas für besondere Leute oder große Ereignisse. In nur wenigen Tagen werden sie Olympia erreichen – unglaublich! Korinna bekommt langsam Freude an dem Abenteuer. Doch in dem Moment sieht sie, dass ihr Bruder sie böse anstarrt.

Sag's nicht dem Vater!, fleht ihr verzweifelter Blick.

»Du machst mir noch den Wettbewerb kaputt«, flüstert er wütend. »Mich wird man davonjagen und dich bestrafen!«

Korinna vergräbt sich in ihrem Versteck. Sie schaut nicht mehr zu ihrem Bruder, sondern auf die Straße. Das wenige, was sie von der Landschaft sieht, ist interessant. Sie wird vorsichtig sein. Niemand wird sie finden.

Auf einmal steigt ihr ein salziger Geruch in die Nase, und dann plötzlich heftiger Gestank. Was sind das bloß für sonderbare Orte, an denen sie da vorbeifahren? Sie kann jedoch nichts sehen. Erst als der Vater und Philostratos abgestiegen sind, um ihre Glieder zu strecken, traut sie sich, sich auch zu strecken und herauszuschauen, doch die merkwürdigen Gerüche sind längst vorüber.

Nach einem ganzen Tag auf der Straße hat Korinna genug von

dieser Fahrt. Noch hat man keine Stoßdämpfer erfunden; ihr ganzer Körper schmerzt von den Erschütterungen.

Tage später gelangen sie an die Tore von Olympia! Als sie anhalten, schleicht sich Korinna aus dem Wagen. Sie bedeckt ihr langes Haar, so dass niemand sieht, dass sie ein Mädchen ist, und taucht in der Menge unter. Sie ist ein bisschen verwirrt, aber auch sehr neugierig: Alles um sie herum ist wunderbar geschmückt! Überall sieht sie schöne Statuen von Sportlern, die bei den Olympischen Spielen in den Jahren zuvor gesiegt haben. Auf kunstvoll bemalten Tellern werden Fleischgerichte serviert – eine Seltenheit für die meisten Leute. Dazu trinkt man mit Wasser gemischten Wein aus verzierten Krügen. In Griechenland denkt man zu dieser Zeit, was schön ist, ist auch gut.

Die Menge zieht Korinna mit sich zu einem Umzug. So viele Menschen: Sportler, die für den Wettkampf angereist sind, Philosophen, die hier sind, um anderen zuzuhören und gehört zu werden, und viele andere. Wohin gehen sie alle? Korinna lässt sich mitreißen, und plötzlich steht sie mit allen in einem großen Tempel. Ihre Augen werden vor Staunen immer runder: Vor ihr steht die Statue des Zeus, des Vaters aller Götter, und die ist zehnmal größer als Korinna! Diese

Statue ist eines der sieben Weltwunder der Antike, und Korinna kann kaum den Blick von ihr wenden. Sie ist mit Gold und Elfenbein überzogen und gewaltig und beeindruckend. Man spürt richtig ihre Kraft.

Auf einmal verbeugen sich alle vor der großen Statue und schwören: Niemand wird hier bei den Olympischen Spielen lügen oder betrügen! Sollte jemand diesen Schwur brechen, wird sich Zeus von seinem Thron erheben, sein Haupt wird an die Decke des Tempels stoßen, und der wird über allen zusammenstürzen.

Korinna verbeugt sich und schwört und zittert. Denn sie lügt doch! Sie betrügt doch! Wird Zeus jetzt von seinem Stuhl aufstehen? Sie kneift ihre Augen fest zusammen und wagt nicht, hinzuschauen.

Nichts passiert. Sie hört, wie sich die Leute neben ihr wieder aufrichten und weggehen. Sie schlägt die Augen auf und schaut direkt in die steinernen Augen von Zeus. Vielleicht ist seine Macht ja gar nicht so groß? Vielleicht sind andere Götter stärker und beschützen Korinna vor ihm? Denn wenn er der Stärkste wäre, könnte er alles aus eigener Kraft machen, wozu gibt es dann noch andere Götter, die für andere Dinge zuständig sind?

In Gedanken versunken verlässt Korinna den Tempel. Kann es sein, dass der Glaube an die Götter falsch ist? Vielleicht irren sich alle, und es gibt nur einen Gott, und dieser Gott oder diese Göttin sind ganz anders als das, woran sie glauben?

Doch in Olympia gibt es so viel zu sehen und zu hören, dass Korinna ihre Gedanken schnell vergisst: Sie gelangt zum Ort der Wettkämpfe. Obwohl sie sich nicht wirklich für Sport interessiert, würde sie sich den Wettkampf im Weitsprung oder im Diskuswerfen schon gern mal anschauen. Plötzlich erinnert sie sich: Alle Teilnehmer an dem sportlichen Spiel müssen nackt sein! So ist das auch in der Schule ihres Bruders Philostratos. Die meisten Leute um sie herum glauben, nackt zu sein sei eine gute Art, zu zeigen, dass man sich gut um seinen Körper kümmert und er deshalb kräftig und gesund ist. Nacktheit ist für Korinna also nichts Befremdliches. Sie hat in ihrem Leben schon viele nackte Statuen und Bilder von nackten Menschen gesehen. Und trotzdem ist sie sich nicht sicher, ob es ihr angenehm wäre, allein einen Wettkampf von nackten Jungen anzuschauen.

Stattdessen läuft sie zwischen den verschiedenen Orten der Wettkämpfe herum, beobachtet Bildhauer, die Statuen meißeln, und hört den Gesprächen der Philosophen zu. Sie unterhalten sich über Fragen wie: Was ist das Leben? Wie lebt man richtig? Was sind die Gründe dafür, dass Dinge auf der Welt geschehen?

Am nächsten Tag schaut sie dem Wagenrennen zu, da sind alle angezogen. Es ist spannend und auch ein bisschen unheimlich, zu sehen, wie die Wagen in den Kurven umkippen. Doch schnell wandert ihr Blick anderswohin: Neben ihr sitzt ein Junge, der hat ein Spielzeug, das sie noch nicht kennt – ein Tier, das das Maul auf- und zumacht, wenn man an einem Faden zieht! Wie gerne würde sie den Jungen bitten, sie auch mal mit diesem trickreichen Tier spielen zu lassen. Aber vielleicht würde er dann ihr Geheimnis entdecken?

Sie nimmt ihren ganzen Mut zusammen und lächelt ihn an. Dann holt sie aus ihrem Kleid ein Spielzeug, das sie immer bei sich trägt – ein Jo-Jo. Zu dieser Zeit war das Jo-Jo schon erfunden, und Korinna kann damit ein paar schöne Kunststücke machen. Der Junge lässt sie mit dem Faden seines Spielzeugs spielen und das Maul des Tieres auf- und zumachen. Dann erzählt er Korinna, dass er aus Sparta kommt. Die Leute aus dieser Stadt gelten normalerweise als Feinde der Stadt Athen, wo Korinna wohnt, aber zu Ehren der Olympischen Spiele sind alle für fünf Tage lang friedlich.

Korinna ist begeistert von ihrem neuen Freund. Wer so ein Spielzeug hat, muss aus einer reichen Familie kommen. Und dafür gibt es noch ein Anzeichen: Wenn der Vater des fremden Jungen Pipi machen muss, gibt er einem Diener ein Zeichen, der kommt dann zu seinem Platz im Publikum und hält ihm ein besonderes Gefäß hin, damit er da hineinpinkelt. So machen das die reichen, angesehenen Leute.

Plötzlich sieht Korinna ihren Bruder und ihren Vater im Publikum, sie sitzen gar nicht weit von ihr. Schade, dass sie ihrem Bruder nicht zurufen kann, er solle ihren neuen Freund aus Sparta kennenlernen und dessen tolles Spielzeug. Sie versucht, seinen Blick zu erhaschen, doch als seine Augen auf ihre treffen, sagen sie ihr gleichsam: Hör auf damit! Bloß nicht!

Zu spät! Der Blick ihres Vaters folgt dem Blick von Philostratos, denn er will wissen, wohin der schaut. Er sieht seine Tochter in der Menge, und seine Augen weiten sich überrascht und ziehen sich dann zornig zusammen.

Der Heimweg nach den Spielen scheint eine Ewigkeit zu dauern, obwohl die Pferde schnell sind. Vielleicht weil Korinnas Bruder nicht aufhört, von seinem Sieg zu reden, und weil ihr Vater sie immer wieder daran erinnert, dass er sie furchtbar bestrafen wird. Korinna schaut verzweifelt zum Horizont. Was hat sie von dieser ganzen Reise schon gehabt?

Plötzlich richtet sie sich auf. Derselbe Gestank wie auf der Hinfahrt kriecht in ihre Nase. Sie hebt den Kopf und sieht den Ursprung des Geruchs: Es ist ein rauchender Vulkan! Kurz darauf fahren sie auch wieder an dem Salzgeruch vorbei. Da sieht sie etwas Blaues, Gewaltiges, das ganz aus Wasser besteht, und eine Art längliche Häuschen schwanken darauf. Das Meer, auf dem Schiffe fahren!

Das Wetter ist warm, aber grau. Ein feiner Regen beginnt und erfrischt sie ein bisschen. Im Himmel erstreckt sich ein schöner Regenbogen. Korinna weiß genau, dass der Regenbogen die Brücke ist, die die Götter im Himmel mit den Menschen auf der Erde verbindet. Er entsteht, wenn die Boten vom Himmel zu den Menschen auf die Erde hinabsteigen. Korinnas Herz ist bang. Wohin sollen die Boten gelangen? Was ist ihr Auftrag? Vielleicht überbringen sie eine gute Nachricht? Oder eine schlechte?

Vor ihrem Haus wird ihr Bruder mit großen Ehren empfangen und ins Zimmer der Männer geführt, wo man Leckereien serviert. Kaum einer beachtet Korinna, aber sie ist sicher, Vater wird nicht vergessen, sie noch zu bestrafen. Sie zieht ihre Sandalen aus, verschwindet in

den Innenhof des Hauses und setzt sich traurig an den Brunnen, in den Schatten des Weinstocks.

Plötzlich taucht Philostratos auf und ruft: »Korinna, ich bin ja so froh! Das ist wunderbar.«

»Ja, ich weiß, du hast gesiegt. Glückwunsch«, murmelt sie.

»Was, freust du dich denn nicht, dass sie dich gewählt haben?«, fragt er.

Korinna hebt staunend den Blick. »Wovon redest du?«

»Hat es dir noch niemand gesagt?« Philostratos lächelt. »Diese Leute sind gekommen, um dem Vater mitzuteilen, dass du mit sieben Mädchen der Stadt ausgewählt wurdest, die die Kleider für Athene besticken, für das Fest der Panathenaia. Du weißt, das ist das Gewand, auf das man die Geschichten von Athene stickt. Sie fangen bald damit an, und man hat ihnen erzählt, wie begabt du bist. Und außerdem hat Vater gesagt, wenn das so ist, würde er dich doch nicht bestrafen.«

Ein Lächeln breitet sich auf Korinnas Gesicht aus. Jetzt weiß sie nämlich genau, wie sie die Geschichte von Athene und dem Riesen unter dem Vulkan sticken muss.

Was passiert in dieser Zeit sonst noch auf der Welt?

In Sparta, der mit Athen verfeindeten Stadt, werden Kinder schon mit sieben Jahren darauf trainiert, harte Soldaten zu werden, indem man sie schlägt und ihnen nur wenig zu essen gibt.

In Afrika südlich der Wüste Sahara blüht die Nok-Kultur, dort werden einzigartige Figuren aus Terrakotta getöpfert.

In Indien lebt Buddha Gautama. Er begründete den Weg des Buddhismus, der versucht, die Gewalt beim Menschen zu vermindern und ihm zu helfen, sich vom Leiden zu befreien und in Gelassenheit zu leben.

Zum ersten Mal leben 100 Millionen Menschen auf der Welt.

8

Vor etwa 2400 Jahren
(400 v. Chr.)

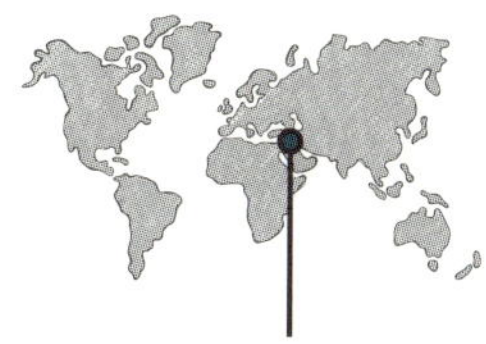

Provinz Judäa im Persischen Reich, heute Israel und Palästinensische Autonomiegebiete, Asien

ZADOK

Krach, krach, krach! Die Mutter und der Vater schlagen immer wieder gegen die Äste, und die Oliven fallen wie Regen auf Zadok herunter. Er sammelt sie eilig auf. Der Sack ist schon fast voll, und Schlomit, seine kleine Schwester, macht einen neuen leeren Sack auf. Zadok und Schlomit arbeiten mit ihren Eltern im Olivenhain der Familie. Dieses Jahr ist die Olivenernte gut. Sie werden köstliches Olivenöl haben – zum Essen, zum Anzünden der Öllämpchen und auch zum Verkaufen.

Zadok sammelt die Oliven auf, aber er ist schon müde und ihm ist langweilig. Hätte er doch jemanden, mit dem er bei der Arbeit reden könnte. Seine Eltern haben immer zu tun, und seine Schwester ist zu jung, die versteht noch nichts. Wie so oft fühlt er sich einsam. Es gibt noch mehr Kinder in seinem Dorf, aber er hat keinen Freund in seinem Alter. Als er den Blick hebt, sieht er am Horizont eine Staubwolke. Was ist das? Er erkennt verschwommene Gestalten, und ihm ist, als höre er auch einen Gesang, der in Richtung Dorf zieht!

»Die arabischen Händler kommen«, ruft Zadok begeistert.

In dieser Zeit gibt es viele Karawanen von Händlern, aber in seinem kleinen jüdischen Dorf kommen nur wenige vorbei. Das ist so aufregend, dass alle ihre Arbeit liegen lassen. Was bringen die Händler diesmal mit? Immer haben sie interessante Waren von fernen Orten dabei: Schöne Gefäße, wohlriechende Kräuter mit fremden, verführerischen Gerüchen, Schmuck und auch fremde Sprachen und neue Ideen.

Zadok rennt, er gibt acht, unterwegs nicht in eine der Kuhlen zu fallen, die die Leute aus seinem Dorf gegraben haben, um Regenwasser zu sammeln. Er kann nicht so schnell laufen, denn er hinkt. Als er klein war, hatte er sich das Bein gebrochen, und es heilte nicht mehr gut zusammen, weil man in seiner Zeit nicht wusste, wie man Brüche am besten behandelt.

Die Händler machen auf der Hauptstraße des Dorfes halt. Sie begrüßen Zadok und seine näher kommende Familie freundlich und fangen an, ihre Waren auszubreiten. Zadok und Schlomit schauen sich alles an.

»Guck mal, wie schön«, sagt Schlomit, die sich für einen Anhänger in der Form des Mondes begeistert.

Indessen geht der Anführer der Karawane zum Vater und redet mit ihm. Da jeder von ihnen eine andere Sprache spricht, unterhalten sie sich auf Aramäisch, das ist die allen Völkern des Reiches gemeinsame Sprache. Plötzlich sieht Zadok, dass sein Vater ganz aufgewühlt den Anführer der Karawane umarmt. Dann ruft er seiner Familie zu: »Stellt euch vor! Unsere Verwandten und Freunde, die im fernen Babylonien in der Verbannung geblieben sind, sind jetzt auf dem Weg zu uns!«

»Wirklich?«, Zadok kann es nicht glauben.

»Sie sind vor fünf Monaten dort aufgebrochen und jetzt nur noch einige Tagesreisen entfernt. Als sie die vorüberziehenden Händler sahen, haben sie sie gebeten, uns zu auszurichten, dass sie zu uns unterwegs sind.«

Die ganze Familie ist außer sich vor Freude. Die Mutter eilt nach Hause, um die Ankunft der Gäste vorzubereiten, und die kleine Schlomit rennt hinter ihr her. Zadok folgt ihnen langsamer, er zieht sein Bein nach und macht sich Gedanken.

Wie lange ist es her, dass er seine Verwandten das letzte Mal in Babylonien gesehen hat? Er versucht es auszurechnen. Er war noch klein, als sie Babylonien verließen und in das Land zogen, in dem sie heute leben. Er erinnert sich noch an Daniel, der damals sein bester Freund gewesen war. Es war ihm so schwergefallen, Babylonien zu verlassen, obwohl man ihm immer gesagt hatte, dass Babylonien nicht wirklich seine Heimat ist. Seine Großeltern hatten ihm erzählt, dass sie als Kinder in einem ganz anderen, weit entfernten Land gewohnt hatten, in ihrem eigenen Land, dem Königreich Juda. Doch dann waren Feinde gekommen und hatten sie und ihr ganzes Volk vertrieben und in die Verbannung nach Babylonien verschleppt. Mit Absicht hatten sie sie von dem Land, in dem sie zu Hause waren, getrennt und an verschiedene Orte verteilt, damit das Volk geschwächt würde und auf Dauer ganz verschwände. Aber das Volk von Zadok, das jüdische Volk, ist nicht verschwunden und hat seine Eigenheiten bewahrt. Eines Tages, nach vielen Jahren, bekamen sie die freudige Nachricht: Es gebe einen neuen Herrscher, der ein neues Reich gegründet habe, und der erlaube es ihnen, in das Land zurückzukehren, in dem sie früher gelebt haben.

Seine Eltern und Großeltern waren glücklich gewesen, aber er war traurig und hatte nicht weggehen wollen. Andere Verwandte und Freunde waren damals weiter in Babylonien geblieben, unter ihnen Daniels Familie. Es ging ihnen dort ja gut.

Aber jetzt waren sie trotz allem auf dem Weg hierher! Warum hatten sie es sich anders überlegt? Wie wird es sein, sie wiederzusehen? Wird ihnen das Dorf hier gefallen? Wissen sie überhaupt, dass das Volk, das zurückgekehrt ist, den Tempel in Jerusalem wieder neu aufgebaut hat, nachdem der Feind den vorigen Tempel zerstört hatte? Vielleicht werden sie staunen, wie sehr sich ihr Tempel von all den Tempeln der Umgebung unterscheidet. Dort gibt es Statuen von Göttern, aber in ihrem gibt es noch nicht mal ein Bild.

Die Leute von Zadoks Volk, die Juden, glauben nämlich, es sei unmöglich, sich vorzustellen, wie Gott aussieht. Sie haben nur Geschichten über ihn und Anweisungen, die auf Pergamentrollen aufgeschrieben wurden. Das sind ihre heiligen Schriften, sie heißen »Thora«. Sie lesen in diesen Schriftrollen und versuchen zu verstehen, was genau gemeint ist. Jeder schlägt seine Erklärung vor, und manchmal streiten sie auch darüber. Sie freuen sich, dass jetzt noch mehr Leute kommen, die das glauben, was sie glauben, und sich an diesem Gespräch beteiligen.

Zadok denkt an das Fest, das kurz vor der Olivenernte stattfand. Da hatte er mit seiner Familie den Tempel besucht. Als er die Halle, in der es keine Statuen gab, betrat, stellte er sich trotzdem heimlich vor, wie der Gott aussehen könnte, den sie da besuchten. Was ist überhaupt ein Gott? Sollte er ihn sich als Mann oder als Frau vorstellen? Vielleicht beides? Und gibt es tatsächlich nur einen einzigen Gott? Warum glaubt das dann nur sein Volk? Vielleicht gibt es ja doch viele verschiedene Götter und Göttinnen, und jeder und jede von ihnen ist für etwas anderes auf der Welt verantwortlich?

Er hatte versucht, mit seinen Eltern darüber zu reden, aber die hatten sofort gesagt, über so was dürfe man gar nicht nachdenken. Da hatte sich Zadok schon nicht mehr am Fest freuen können. Und er hatte gedacht, wenn Daniel da wäre, hätte er ihm seine Gedanken erzählt, und Daniel hätte ihn bestimmt verstanden. Er hätte langsam genickt, mit diesem ruhigen Lächeln.

Hier im Dorf hat Zadok keinen richtigen Freund. In den ersten Monaten hatte er seine Eltern dauernd gefragt: »Wann treffe ich Daniel wieder? Werde ich ihn je wiedersehen?« Und in seinem Herzen denkt er immer noch oft: Wenn es nur einen Weg gäbe, auf die Entfernung mit ihm zu reden. Wenn der Wind unsere Stimmen einander zutragen könnte. Er weiß, es würde niemals möglich sein, mit einem Menschen in einem fernen Land zu sprechen. Aber könnte man etwas erfinden, damit er nicht mehr ganz so allein sein würde?

Doch jetzt ist es so weit, in ein paar Tagen muss er sich Daniel nicht mehr vorstellen und von allerlei Erfindungen träumen. Daniel wird hier sein. Hat sein Freund sich verändert? Werden sie wieder Freunde sein? Und was wird Daniel von ihm denken? Hat er selbst sich vielleicht auch verändert?

Zadok betritt das Steinhaus. Drinnen sind alle mit den Vor-

bereitungen beschäftigt. Was sie für sie kochen? Zur Zeit von Zadok gibt es da nichts zu überlegen: Man isst fast immer das Gleiche. Groß ist die Auswahl nicht. Alle essen, was eben dort wächst. Man muss nicht lange nachdenken, ob man lieber etwas mit Kartoffeln kocht oder etwas mit Mais, denn in dieser Hälfte der Welt hat noch keiner je Kartoffeln oder Mais gesehen.

Was gibt es zu ihrer Zeit in ihrer Gegend überhaupt? Die Mutter schickt Zadok nachschauen, was mit den Gurken ist, die sie im Sommer in viel Salz in Tonkrügen eingelegt haben, damit sie sich möglichst lange halten. Zadok sieht, dass sie fertig sind und dass es zwei volle Krüge davon gibt. Danach klettert er vorsichtig aufs Dach und schaut nach, wie gut die Feigen und die Weintrauben von diesem Sommer getrocknet sind. Als er wieder herunterkommt, berichtet er, die meisten seien bereits Trockenfeigen und Rosinen. Jetzt geht er ein paar Granatäpfel pflücken. Indessen weicht die Mutter im Innenhof Getreidekörner ein und knetet sie. Sie wird diesen Teig dünn ausrollen und in der Sonne trocknen, so werden sie zu leckeren Crackern. Alles bereiten sie selbst zu.

Aber etwas fehlt doch: Die Mutter schickt den Vater und Zadok zur Karawane der Händler, um nachzuschauen, ob sie getrocknete Fische

dabeihaben. Tatsächlich haben sie viele und sogar Heuschrecken in Salz! Ein seltener Leckerbissen! Der Vater ist erleichtert, und auch die Händler freuen sich, eine so große Menge an Waren verkaufen zu können. Sie laden den Vater ein, mit ihnen zu essen. Sie haben schon Feuer gemacht und darauf Fladenbrote gebacken. Und wenn sie die an alle verteilen, streuen sie ein bisschen Salz darauf. Zadok weiß, dass das ein Zeichen ist: So wie das Salz dafür sorgt, dass das Essen nicht verdirbt, sondern lange hält, so sollen auch Frieden und Freundschaft zwischen den jüdischen Leuten seines Volkes und den Arabern lange halten. Salz ist für die Menschen in dieser Zeit etwas ganz Kostbares. Hoffentlich hat sich auch seine Freundschaft mit Daniel so gut gehalten wie die eingelegten Gurken und Fische.

Der Vater geht mit den Einkäufen nach Hause, aber Zadok bleibt noch ein bisschen sitzen, denn die Händler spielen ein Spiel, das er mag. Das Spiel heißt »Fünf Steine«. Man wirft einen Stein hoch in die Luft, und während der noch in der Luft ist, sammelt man Steine vom Boden auf und fängt den in der Luft dann rechtzeitig wieder auf. Die Händler zeigen ihm noch schwierigere Spielarten.

Als das Spiel zu Ende ist, wird es schon dunkel, und Zadok soll bald schlafen gehen. Er geht langsam nach Hause und überlegt sich, was sein Freund wohl gerade macht. Wahrscheinlich schläft er schon

unter dem sternenklaren Himmel. Zadok bleibt einen Moment stehen und schaut nach oben. Zu seiner Zeit sieht man die Sterne sehr gut, weil der Himmel ganz dunkel ist – es gibt kein störendes Licht von Laternen. Er schaut zum Polarstern, der den Reisenden den Weg zeigt. Vielleicht schaut jetzt gerade auch sein Freund ihn an. Er stellt sie sich vor, auf ihrem langen Weg aus dem fernen Babylonien. Hoffentlich verlaufen sie sich nicht, und hoffentlich fallen sie nicht vom Ende der Welt herunter. Zadok denkt, dass das passieren kann, denn zu seiner Zeit glaubt man, die Erde sei flach wie eine Scheibe.

Am nächsten Morgen wacht Zadok auf und ist ganz aufgeregt. Aber die Gäste sind noch nicht da, und er hat nichts zu tun – die Vorbereitungen im Haus ruhen. Man kann noch kein frisches Essen zubereiten; ohne Kühlschrank würde es schnell schlecht werden.

Die Mutter dreht im Innenhof nervös die Spindel. Wenn sie nichts anderes zu tun hat, hat sie immer die Spindel in der Hand, und auch der kleinen Schlomit hat sie schon beigebracht, bei jeder Gelegenheit ihre kleine Spindel zu drehen und damit Fäden zu spinnen. Sie nehmen Wollstücke, die von den Schafen geschoren wurden, ziehen sie in Fasern, immer länger, drücken sie zwischen den Fingern flach und hängen die Spindel ans untere Ende. Die drehen sie dann so schnell, dass sie sich um sich selbst dreht und die Fasern in die Länge

zieht, zu einem langen Faden. So machen sie die Fäden, aus denen man dann Stoffe weben kann.

Wann kommen sie endlich? Heute ist Donnerstag. Werden sie morgen, am Freitag kommen? In dieser Epoche gibt es schon Wochen. Noch nicht alle Völker zählen eine Woche von sieben Tagen, einige zählen acht, andere zehn Tage, aber das Volk von Zadok hat schon die Siebentagewoche. Und bei ihnen gibt es noch einen besonderen Brauch, den es bei anderen nicht gibt: Bei ihnen ist es üblich, am siebten Tag, am Schabbat, nicht zu arbeiten. Das ist ihr Ruhetag. Deshalb werden seine Verwandten an diesem Tag bestimmt nicht reisen.

Zadok geht auf die Straße und schaut in Richtung Dorfeingang. Dort kommt jemand angeritten, aber das ist nur ein einzelner Mensch. Zadok erkennt leicht, wer: Er reitet auf einem Pferd. Deshalb ist es bestimmt der Beamte des persischen Herrschers, der jeden Monat die Steuern einzieht. Zadok muss immer lachen, wenn er ihn sieht, denn der trägt so ein Kleidungsstück, das nur Perser tragen: Hosen! Aber Zadok beherrscht sich und lacht nicht, um ihn nicht zu kränken.

Zadok ruft den Vater, und der Vater, natürlich im Kleid, eilt mit dem Gefäß herbei, in dem die Münzen liegen, die er jeden Monat zahlen muss. Zadok schaut immer gerne zu, wie der Vater das Münzengefäß mit frischem Lehm verschließt, wie er die Zahl der Münzen, die darin sind, hineinritzt und dazu noch seinen persönlichen Stempel in den weichen Lehm drückt. Auf dem schönen Abdruck sieht man Löwen, Verzierungen und Vaters Namen. Der Perser nimmt das verschlossene Gefäß und reitet weiter. Vater gibt Zadok ein bisschen Lehm und erlaubt ihm, mit seinem Stempel zu spielen. Zadok setzt sich hin und drückt verträumt den Stempel immer wieder in den weichen Lehm. Er ist so vertieft, dass er die Geräusche von der Eingangstür nicht bemerkt, bis die kleine Schlomit angerannt kommt. »Sie sind da! Sie sind angekommen!«

Sein Herz schlägt schnell, er steht auf, geht zum Eingang, wo er verlegen stehen bleibt. Da steht eine Gruppe fremder Leute. Einige der Erwachsenen sehen seinen Eltern etwas ähnlich, aber er erkennt sie nicht. Ihre Kleider sind von der Reise verstaubt, und da stehen auch zwei Jungen in seinem Alter und ein Mädchen. Sie starren ihn neugierig an. Er senkt den Blick. Wer von ihnen ist sein Freund? Er meint, es sei der etwas Dickere, aber als sie klein waren, war Daniel ganz dünn. Wie kräftig und schön er jetzt ist! Zu Zadoks Zeit ist es so: Wenn jemand dick ist, gilt das als schön, denn es ist ein Zeichen, dass er immer genug zu essen hat. Aber ist das wirklich Daniel? Er hat sich verändert. Und warum spricht er Zadok nicht an?

»Zadok, geh und hol uns Wasser!« Die Mutter unterbricht seine Gedanken. Zadok will schnell zum Brunnen gehen, doch vor Aufregung stolpert er, und der Krug fällt und zerbricht. Er erschrickt einen Moment, aber dann sagt er sich: Nicht so schlimm, wenn ein Krug zu Bruch geht. Tatsächlich ist es in seiner Zeit ziemlich einfach, Krüge herzustellen, und außerdem hat man auch für Tonscherben immer Verwendung. Man schreibt darauf mit Tinte. Das sind ihre »Zettel«, denn Papier ist noch nicht erfunden. Er legt die Scherben auf einen kleinen Haufen. Jetzt muss er nur schnell einen anderen Krug holen!

Der Wasserkrug geht von Hand zu Hand, die Gäste trinken durstig. Schon bald sitzen alle zusammen und das Essen wird serviert. Die Erwachsenen reden durcheinander, und die Kinder werfen sich zögernde Blicke zu.

Zadok geht mit einer Schüssel voll Rosinen von einem zum andern, und reicht sie zum Schluss auch dem dicken Jungen. Der nimmt eine Handvoll und lächelt Zadok an. Es ist das Lächeln, das er kennt.

Was passiert in dieser Zeit sonst noch auf der Welt?

Das Persische Reich, in dem Zadok lebt, ist das größte Reich, das es bisher gibt, und erstreckt sich über weite Teile Asiens. Es beherrscht viele Völker, die sich in Religion, Sprache und Kultur unterscheiden, erlaubt aber jedem, nach seinem Glauben zu leben.

Da, wo in Zukunft London sein wird, gibt es bisher nur eine Holzbrücke über die Themse und ein paar Bauernhöfe.

Etwa 70 Jahre nach diesem Kapitel erobert Alexander der Große das Persische Reich und weitere Provinzen, Städte und Länder, bis er ein gewaltiges Gebiet von Kleinasien bis Indien beherrscht.

Genau zwischen diesem und dem nächsten Kapitel wird Jesus von Nazareth geboren, den in Zukunft die Christen für den Messias und Sohn Gottes halten werden.

9

Vor etwa
1700 Jahren
(300 n. Chr.)

Rom, heutiges Italien,
Europa

LIVIA DIE ÄLTERE

Als Livia die Ältere morgens aufsteht, braucht sie nicht lang, um sich fertig zu machen. Sie zieht nur ihre Sandalen an. Wie alle anderen schläft sie in ihrer Tunika, demselben Hemdkleid, das sie auch tagsüber trägt. Dann geht sie auf die Latrine, und mit »gehen« meinen wir, sie geht und geht und geht und geht, denn die Toiletten sind öffentlich und außerhalb des Hauses. Morgens ist es in den Latrinen ganz nett, sie trifft dort Freundinnen und Bekannte. Livia die Ältere und ihre Schwestern – Livia die Jüngere, Livia die Dritte und Livia die Vierte – sitzen mit ihren Freundinnen auf einer Bank mit Löchern, und unter den Löchern fließt ein Abwasserkanal. Da sitzen sie und reden und machen Pläne für den Tag. Aber heute früh ist Livia die Ältere stiller als sonst. »Was ist mit ihr los?«, fragt eine der Freundinnen, Claudia.

»Heute ist ihre Reifefeier, ab dann ist sie erwachsen!«, erklärt Livia die Vierte, die Kleinste von allen.

»Ach ja!« Claudia hatte das tatsächlich vergessen. Alle wissen, was das bedeutet: Bei der Reifefeier muss jedes Mädchen ihre Puppe einer bestimmten Göttin weihen und sie ihr übergeben, und alle wissen, wie sehr Livia die Ältere ihre schöne Puppe liebt. Die ist aus glattem Elfenbein, und ihre Augen blicken weise. Sie hat sogar bewegliche Arme. Jedesmal, wenn Livia eine Umarmung braucht, stellt sie sich vor, dass die Puppe ihre Arme zu ihr ausstreckt.

»Gibst du deine Puppe wirklich ab?«, fragt Claudia ungläubig. »Ich habe ja genau so eine.«

Livia die Ältere nickt traurig.

»Aber heute Abend gibt es ein wunderbares Fest für dich!« So versucht Livia die Jüngere, ihre Schwester aufzumuntern.

»Und du darfst das erste Mal eine Stola tragen wie die Erwachsenen!«, fügt Livia die Dritte als Ermutigung hinzu.

Livia die Ältere nickt wieder nur traurig.

»Ich werde meine Lieblingspuppe nie im Leben hergeben«, verkündet Claudia.

»Ach ja? Und was machst du stattdessen? Man muss die Götter doch ehren«, sagt Livia die Ältere wütend, steht von der Latrinenbank auf und rennt weinend nach Hause.

Im Mädchenzimmer umarmt sie ihre Puppe. Sie nimmt sie mit in den Innenhof. Ein paar Hühner der Familie flattern zwischen den Bäumen. Zu dieser Zeit sind Hühner noch klein und haben ihre Fähigkeit zu fliegen noch nicht verloren. Livia setzt sich hin und betrachtet sie. Die haben bestimmt keine Sorgen, sie legen nur alle ein, zwei Wochen ein Ei (nicht wie heutzutage jeden Tag).

»Livia die Ältere!«, ruft die Mutter.

Livia versteckt schnell ihre Puppe und geht in Mutters Zimmer. Wie in allen reichen Familien haben auch bei ihnen Vater und Mutter jeder ein eigenes Schlafzimmer. Die Mutter ist vor der Reifefeier ihrer großen Tochter aufgeregt und verteilt Anweisungen an die Sklaven und Sklavinnen. Einem Sklaven trägt sie auf, mit einem Besen aus großen Palmwedeln das ganze Haus zu fegen, und den beiden Sklavinnen erklärt sie, was sie für das Festessen am Abend vorbereiten sollen.

Livia wartet, zu hören, warum Mutter sie jetzt gerufen hat. Sie werden doch erst nachmittags zum Tempel gehen, um die Puppe abzugeben. Sie setzt sich auf Mutters Bett und betrachtet die Wandmalereien in Mutters Zimmer. Wie gut, dass man bei ihnen große Landschaftsbilder an die Wände malt, sie geben einem den Eindruck, man sehe nach draußen. Denn durch die Fenster kann man nicht hinausschauen, ihr Glas ist zu dick und zu krumm. Doch diesmal helfen die Malereien ihr nicht, sie fühlt sich in dem stickigen Zimmer gefangen. Was will die Mutter von ihr? Will sie ihr ein besonderes Geschenk zu ihrer Reifefeier machen?

Endlich hat die Mutter Zeit. Sie lächelt sie an. »Du feierst heute deine Reife. Und deshalb kannst du nun dein Amulett ablegen!« Sie zeigt auf die Kette mit dem Schmuckamulett, das Livia trägt, seit sie auf die Welt kam. Bisher hat es dafür gesorgt, dass sie gesund bleibt und nicht als Kind stirbt, wie viele andere Kinder zu dieser Zeit. Aber zu einem großen Mädchen, zu einer Erwachsenen, passt es nicht mehr. Wieder kommen Livia die Tränen. Aber es hat keinen Sinn zu protestieren. Sie neigt den Kopf, und die Mutter nimmt ihr sanft das Amulett vom Hals und küsst sie aufs Haar. Ohne das Amulett fühlt

Livia sich ungeschützt und verletzbar, sie hat das Gefühl, dass ihr etwas fehlt.

Sie will gehen, doch die Mutter bittet sie, sich nicht vom Haus zu entfernen, denn es ist schon die sechste Stunde, und zur siebten Stunde werden sie mit der ganzen Familie und Freunden ins Badehaus gehen. Sie sind zwar wohlhabend, aber nicht so reich, dass sie die Möglichkeit hätten, bequem zu Hause zu baden. Livia geht gern ins Badehaus, da gibt es warmes Wasser und viel Platz. Man badet dort nicht nur, es gibt auch einen Bereich für Sport und Gymnastik. Livia spielt besonders gerne ein Spiel, das erst vor kurzem erfunden wurde, bei dem man einen Ball voll Federn oder voll Sand kickt. Das ist der erste Fußball.

Das Spiel wird mich auf andere Gedanken bringen, sagt sich Livia. Als sie an das Ballspiel mit ihren Freundinnen denkt, kommt ihr eine ausgezeichnete Idee. Claudia wird bestimmt auch kommen, und sie wird gewiss ihre Puppe mitbringen. Sie könnte also heimlich die Puppen vertauschen und der Göttin die Puppe der nervenden Claudia geben. Ihre echte Puppe könnte sie dann verstecken, und niemand würde je erfahren, dass sie sie behalten hat.

Wann aber beginnt endlich die siebte Stunde? In dieser Epoche gibt es keine festen Stunden – manchmal sind sie lang und manchmal kurz! Jeder Tag, von Sonnenaufgang bis Sonnenuntergang wird in zwölf gleiche Stunden unterteilt. Im Winter, wenn die Zeit zwischen Sonnenaufgang und Sonnenuntergang kurz ist, sind die Stunden kurz, und im Sommer, wenn die Sonne früh auf- und spät untergeht, dauert eine Stunde wie eineinhalb unserer Stunden heute. Woher weiß man dann, wie viel Uhr es ist? Im Innenhof von Livias Familie gibt es eine Sonnenuhr. Das ist eine Art in den Fels geschlagene Schüssel, an deren Rand die Stunden von eins bis zwölf eingeritzt sind. In ihr steckt eine kleine Stange. Wenn die Sonne über den Himmel wandert, wirft die Stange ihren Schatten auf die jeweilige Stunde. Das Problem ist nur, dass es heute bewölkt ist. Deshalb funktioniert die Sonnenuhr gerade nicht. Wenn die Sonne nicht scheint, wirft die Stange keinen Schatten.

Livia schaut immer wieder nach. Vielleicht kommt die Sonne ja mal kurz zwischen den Wolken hervor, dann könnte sie die Uhrzeit sehen. Sie möchte, dass es endlich losgeht, und sie möchte es auch nicht. Indessen betrachtet sie die Zahlen auf der Uhr. Die Zahlen zu ihrer Zeit sind anders als unsere heute. Sie bestehen aus lateinischen Buchstaben. Zum Beispiel ist I eins, V ist fünf und X ist zehn. Und null? Die Zahl Null gibt es noch gar nicht.

Da kommt die Sonne für einen Moment zwischen den Wolken hervor. Gleich beginnt die siebte Stunde. Und tatsächlich versammelt sich ihre Familie, um zusammen ins Badehaus zu gehen und von dort aus zum Tempel der Göttin. Auch Livias Freundinnen schließen sich ihnen an, und Claudia mit ihrer Puppe ist auch dabei.

Auf der Straße sind viele Leute unterwegs. Pferdewagen dürfen in der Stadt nur abends fahren, damit sie die vielen Fußgänger nicht verletzen. Tagsüber darf man aber mit einer Sänfte »fahren«, die von vier starken Sklaven getragen wird. Livia und ihre Mutter fahren mit so einer Sänfte; der Rest der Familie geht zu Fuß.

Das Badehaus ist sehr schön. Es gibt dort neue Erfindungen der Architektur, zum Beispiel am Eingang einen Torbogen und ein Dach in Form einer Kuppel. Überall sind Statuen und Wandmalereien. Nach dem ausgelassenen Ballspiel wäscht sich Livia ausgiebig: Vor dem Bad reibt sie sich mit Öl aus einem kleinen Krug ein und nimmt dann einen Striegel, ein besonderes Gerät aus Metall, mit dem sie sich den Schweiß und den Schmutz von der Haut schrubbt. Um diese Zeit verwendet man noch keine Seife und auch kein Shampoo.

Als sie sauber ist, zieht sie sich zum ersten Mal eine wunderschöne echte Stola mit vielen Falten über. Das ist ihre Gelegenheit! Claudia badet noch, und ihre Puppe liegt auf der Bank. Flink versteckt Livia ihre eigene Puppe in den Falten der Stola und nimmt Claudias Puppe von der Bank. Sie umarmt sie, als sei es ihre.

Da kommt schon die Mutter mit einem vergoldeten Kästchen zu ihr. Es ist so weit, jetzt muss sie sich von der Puppe trennen und sie in das Kästchen legen, das sie der Statue der Göttin übergeben wird. Livia legt Claudias Puppe in das Kästchen und tut so, als wische sie sich Tränen ab. Mutter umarmt sie stolz. Jetzt gehen sie alle in Richtung der Tempel. Aber Claudia sucht überall ihre Puppe und bricht in Tränen aus.

»Wir gehen nachher noch mal zurück und suchen sie«, sagt ihre Mutter. Sie gehen los, und Claudia läuft langsam hinter allen her. Livia hat ein bisschen Mitleid mit ihr, aber das Gefühl ihrer eigenen Puppe an ihrem Körper, sicher versteckt in den Falten der Stola, bekräftigt sie in ihrem Beschluss.

Gleich sind sie bei der Statue der Göttin, gleich beginnt die Zeremonie. Doch da fällt Livia etwas auf: Claudias Familie bleibt an-

scheinend absichtlich zurück und kommt gar nicht mit. Jetzt versteht Livia, was über Claudias Familie geredet wird. Es heißt, sie hätten begonnen, an eine andere Religion zu glauben, eine Religion, die sagt, es gebe nur einen Gott. Einen Gott, der einmal als Mensch mit dem Namen Jesus erschienen ist. Aber das ist gefährlich, denn das Gesetz verbietet, Jesus anzubeten, und wer es tut, wird hart bestraft. Man darf nur die alten Götter anbeten! Wahrscheinlich hält Claudias Familie ihren Glauben deshalb geheim.

Als Livia sieht, wie Claudia scheinbar zufällig zurückbleibt und nicht mitkommt, um vor der Statue der Göttin niederzufallen, beginnt sie, sich um Claudia Sorgen zu machen. Claudia kann entdeckt und hart bestraft werden! Und auch wenn nicht, sie wird ihr Leben lang fürchten müssen, dass jemand ihre Religion entdeckt. Aber Livia hat keine Zeit, weiter darüber nachzudenken – ihre Mutter schiebt sie sanft zu der schönen Statue der Göttin.

Livia hält das vergoldete Kästchen in der Hand und geht auf die Statue zu. Sie dreht sich um, sieht Claudia nirgendwo und schaut wieder zur Göttin. »Bitte vergib Claudia«, flüstert sie. Dann zieht sie schnell ihre Puppe aus der Stola, legt sie in das vergoldete Käst-

chen und versteckt stattdessen Claudias Puppe in den Falten ihres Gewandes. Sie holt tief Luft und stellt das Kästchen zu Füßen der Göttin. »Danke, dass du mich in meiner Kindheit beschützt hast«, sagt sie zur Göttin und zu ihrer Puppe.

Nach dem Besuch im Tempel gehen Livias Familie und die Gäste zum Festessen nach Hause. Ein solches Festessen findet üblicherweise in einem großen Zimmer statt. Die Erwachsenen legen sich auf Liegen rund um den Tisch, stützen sich auf die linke Seite und beginnen zu essen. Und auch Livia die Ältere, die jetzt als erwachsen gilt, darf sich zum Essen auf die Seite legen. Die kleineren Mädchen sitzen auf Hockern. Auf einmal ruft Livia Claudia, sich zu ihr zu setzen.

»Schau mal, was ich gefunden habe«, sagt sie und gibt Claudia ihre Puppe zurück. »Vor lauter Aufregung muss ich sie eingesteckt haben.«

Claudia strahlt vor Glück. Sie umarmt die Puppe, aber als sie Livias neidischen Blick sieht, legt sie sie weg und sagt: »Komm, lass uns essen und den Tag deiner Reife feiern!«

Bei den Mahlzeiten in Livias Familie gibt es auch etwas Neues, das noch nicht alle Familien haben: Löffel aus Metall. Gabeln wurden aber noch nicht erfunden. Deshalb legen Livia und Claudia, nachdem sie den flüssigen Brei, den es als Erstes gibt, aufgegessen haben, die Löffel beiseite und essen mit den Fingern weiter. Wie alle anderen reißen sie sich Stücke von Fleisch und Gemüse ab und stecken sie in den Mund. Ab und zu tauchen sie die Finger in parfümiertes Wasser, um sie zu säubern. Und da noch keiner die Idee von Nachtisch erfunden hat, essen sie verschiedene süße Sachen zusammen mit den anderen Speisen und müssen nicht erst bis zum Ende der Mahlzeit warten.

Livia genießt das Festmahl. Sie hat das Gefühl, dass sie heute wirklich erwachsen geworden ist! Und weil es in ihrer Zeit Sitte ist, wenn es einem geschmeckt hat, zu rülpsen, achtet Livia darauf, dass man ihren Rülpser gut hört. Alle sind stolz auf sie, weil sie sich so erwachsen und wohlerzogen benimmt.

Was passiert in dieser Zeit sonst noch auf der Welt?

Armenien nimmt als erstes Land das Christentum als Staatsreligion an.

Kurz nach diesem Kapitel wird Konstantin der Große zum Kaiser des Römischen Reiches ausgerufen, und alle Bewohner werden zu Christen.

Auf dem Gebiet des heutigen Englands wird ein besonders schwerer und wertvoller Schatz von Silbergeräten vergraben. Er wurde zufällig 1600 Jahre später, zur Zeit deiner Großeltern, beim Pflügen eines Feldes entdeckt.

In Amerika erreicht die Maya-Kultur ihren Höhepunkt. Die Maya errichten Tempel in Form von Pyramiden, und bei ihren Zeremonien trinken sie unter anderem schaumige Schokolade mit Vanille und scharfem Pfeffer. Sie waren ausgezeichnete Astronomen.

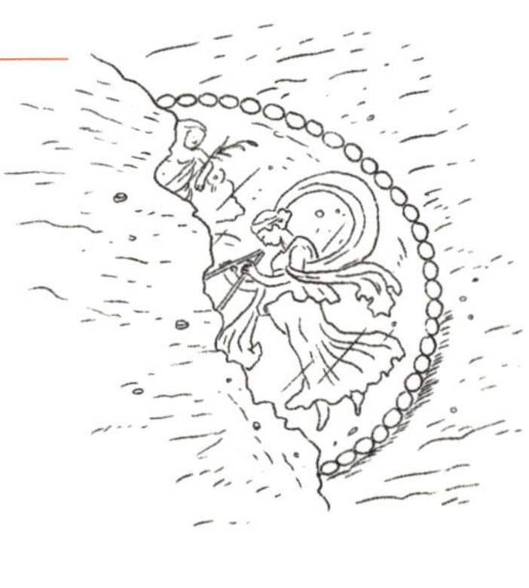

10

Vor etwa
1400 Jahren
(600 n. Chr.)

Szechuan, China,
Asien

MEJ LING

Mej Ling muss sich gerade sehr konzentrieren. Sie will es heute besonders schön hinkriegen. Auf rotem Papier hat sie schon die Form eines Drachens gezeichnet, und jetzt malt sie drum herum noch Blüten. Danach wird sie mit einem Messer vorsichtig entlang der Linien schneiden. Anderswo auf der Welt kennt man noch kein Papier, aber in China wurde es schon erfunden, und man macht daraus wunderschöne Scherenschnitte.

Seit Mej Lings Familie ihr besonderes Talent für diese Kunst entdeckt hat, geben die Eltern ihr jeden Tag Papier und erwarten, dass sie Scherenschnitte daraus macht, die sie verkaufen. So trägt Mej zum Unterhalt der Familie bei. Sie freut sich, dass sie Scherenschnitte machen kann und nicht wie die anderen Mädchen den ganzen Tag

auf dem Feld, beim Wasserholen, beim Kochen und Nähen und den anderen Hausarbeiten helfen muss.

Manchmal fällt es ihr schwer, sich von besonders schön gelungenen Scherenschnitten zu trennen und sie abzugeben, aber sie würde nie mit ihren Eltern streiten oder sie bitten, so einen Scherenschnitt zu behalten. Denn zu dieser Zeit ist eine der wichtigsten Regeln in China, die Älteren in der Familie zu ehren und ihnen zu gehorchen. Es gilt als der beste Weg, das, was die vorigen Generationen geschaffen haben, genauso weiterzumachen. Ohne größere Veränderungen.

Mej befolgt diese Regeln, und auch wenn sie manchmal gerne etwas anderes zeichnen würde, malt sie nur die traditionellen Bilder: Tiere aus dem Tierkreis, umgeben von Blüten. Wenn ein Kind nicht tut, was seine Eltern ihm sagen, können sie das dem Kaiser melden, der das Kind dann hart bestraft. Obwohl Mej denkt, dass ihre Eltern das nie machen würden, ist es ihr wichtig, dass ihre Eltern mit ihr zufrieden sind.

Jetzt beginnt sie mit dem Schneiden. Der Drache, den sie gezeichnet hat, wird wunderbar, das wird der beste Scherenschnitt, den sie je angefertigt hat, denkt sie. Den können die Eltern sicher für viel Geld verkaufen. Zu dumm nur, dass ihr kleiner Bruder sie die ganze Zeit stört. Was will er denn schon wieder?

Er braucht Hilfe, sich den Po abzuputzen. Er hat sich zwar mit Wasser gewaschen, aber es hat nicht so ganz geklappt. Mej will, dass er sie arbeiten lässt. Deshalb nimmt sie, ohne viel nachzudenken, die Papierreste, die neben ihr liegen, und putzt ihn damit ab. In ebendiesem Moment erfindet sie das Klopapier, aber die Welt beachtet das nicht, und auch Mej denkt sich nichts weiter dabei. Nur der kleine Junge entscheidet für sich, dass das eine gute Idee ist und er ab jetzt immer nach dem weichen, angenehmen Papier fragen wird. Seine Familie wird sich das von ihm abschauen, und diese Angewohnheit verbreiten.

Jetzt kann sich Mej in Ruhe wieder um ihr rotes Papier kümmern,

doch sie erschrickt: Weil ihr kleiner Bruder so gequengelt hat, ist sie durcheinandergekommen und hat aus Versehen vier prächtige Blüten um den Drachen gemalt. Das ist furchtbar! Jeder weiß, dass die Zahl vier Unglück bringt! Sie schaut lange auf ihr Bild. Was soll sie jetzt machen? Ihr schönster Scherenschnitt ist ruiniert, und sie hat auch kein Papier mehr!

Und vielleicht ist es kein Zufall, dass sie die vier Blüten gezeichnet hat? Vielleicht sind sie ein Zeichen, dass etwas Schlimmes passieren wird? Tränen steigen in ihren Augen auf.

Ihr kleiner Bruder und die beiden größeren Brüder spielen indessen unbesorgt in der Nähe. Erst haben sie einen Drachen steigen lassen, auch das eine ziemlich neue Erfindung aus Papier. Nachdem sich die Drachenschnur verheddert hat, haben sie mit Fußball angefangen. Ja, auch in diesem Teil der Welt spielt man Fußball! In verschiedenen Ländern der Erde hatten Menschen dieselbe Idee. Dabei wird in jeder Region mit eigenen Regeln gespielt.

Was soll ich bloß tun?, denkt Mej. Sie sieht keinen Platz für eine fünfte Blüte. Vielleicht wird der Vater schimpfen und mir nicht erlauben, weiterhin Scherenschnitte zu machen. Dann muss ich jeden Tag nur der Mutter helfen und mich um meinen kleinen Bruder kümmern. Sie ist mutlos, vielleicht stimmt ja das alte Sprichwort, das ihre Mutter und ihre Großmutter ihr, als sie klein war, schon hundertmal gesagt haben: »Kleine Jungs setzt man bequem hin und gibt ihnen ein interessantes Spielzeug. Kleine Mädchen setzt man auf den harten Boden und gibt ihnen zum Spielen eine zerbrochene Dachziegel.«

Mej weiß, was das Sprichwort bedeutet: Mädchen müssen sich von klein auf daran gewöhnen, dass sie es im Leben schwer haben werden. Die Geburt eines Jungen heißt zu dieser Zeit »großes Glück« und die Geburt eines Mädchens »kleines Glück«. Aber ein kleines Glück ist doch auch ein Glück, oder? Ihre Eltern freuen sich bestimmt über sie. Sie gibt sich so große Mühe und hilft immer. Aber wenn der Vater von der Arbeit zurückkommt, wird er den Scherenschnitt mit den vier Blüten sehen, und was wird er dann sagen?

Sie schaut sich den ausgeschnittenen Drachen in der Mitte des Blattes an. Er ist zwar besonders schön geworden, aber jetzt scheint er ganz traurig zu gucken. Wenn ich mal groß bin, werde ich meinen Töchtern, wenn sie etwas falsch machen, niemals böse sein, denkt Mej. Ich werde ihnen auch keine schweren oder langweiligen Aufgaben geben, sondern dafür sorgen, dass sie es genauso schön haben wie die Jungen. Sie weiß nicht, dass sich die Lage der Mädchen in China in den folgenden Jahren nur noch verschlimmern wird und dass die Urenkelinnen ihrer Urenkelinnen noch viel mehr leiden werden müssen als sie. Im Alter von vier Jahren wird man ihnen die Füße in feste Binden einwickeln und ihnen viel zu kleine Schuhe anziehen, damit ihre Füße winzig klein bleiben. In dieser Zeit glauben die Leute, dass Mädchen nur mit kleinen Füßen schön und ehrenvoll sind und ein normal großer Fuß plump und hässlich ist. Es ist ihnen dabei egal, dass zusammen-

gebundene Füße schmerzen und man mit ihnen nicht gut laufen kann. An diesem Brauch werden sie jahrhundertelang festhalten, bevor sie ihn endlich abschaffen.

Aber Mej kann sich gar nicht vorstellen, dass so etwas in der Zukunft passieren wird. Sie muss jetzt schnell eine Lösung finden, bevor der Vater von der Arbeit kommt.

Es fällt ihr schwer, sich zu konzentrieren, denn sie bekommt Hunger. Das Problem ist, dass es zu dieser Zeit auch nicht üblich ist, die Mutter außerhalb der festen Zeiten um etwas zu essen zu bitten. Bald, wenn der Vater von der Arbeit kommt, wird die ganze Familie gemeinsam zu Abend essen.

Als Mej an den Reis denkt, den es bald gibt, wird sie noch hungriger. Es ist es schon spät. Warum ist der Vater noch nicht zurück? Sie fürchtet sich vor seiner Rückkehr, macht sich aber auch Sorgen: Vielleicht ist ihm auf dem Heimweg etwas passiert?

Vater ist Seidenhändler. Viele Leute wollen bei ihm diese schönen Stoffe kaufen. Seide ist eine chinesische Erfindung. Die Chinesen

haben nämlich entdeckt, dass man von bestimmten Schmetterlingsraupen einen sehr feinen Faden bekommen und daraus Kleider weben kann. Vater verkauft seine Seiden außerhalb der Stadt, und nach und nach gelangt die Seide auch an andere Orte auf der Welt, und alle sind begeistert davon. Aber nicht jeder weiß, wie man sie herstellt. Der Vater hat Mej erzählt, dass die Leute in manchen Teilen der Welt glauben, dieser feine Stoff würde aus Laubblättern gemacht! Mej hatte so darüber gelacht, dass ihr der Bauch weh tat.

Aber jetzt verspätet sich der Vater, und Mejs Bauch knurrt. Und auch ihr kleiner Bruder spielt nicht mehr mit den Großen, sondern setzt sich zu ihr und quengelt: »Wann kommt Vater endlich zurück? Ich habe Hunger.«

»Vater kommt gleich«, beruhigt sie ihn, aber in Wirklichkeit macht sie sich immer größere Sorgen. Hat der Scherenschnitt womöglich Unglück gebracht? Vielleicht hat Vater sich verlaufen, aber das glaubt sie nicht. Denn Vater kennt nicht nur den Weg sehr gut, die Chinesen haben auch bereits den Kompass erfunden, und damit finden sie sich

auch tagsüber gut zurecht, wenn der Polarstern nicht leuchtet. Aber was hält ihn dann auf? Mej ist schon egal, dass er sie vielleicht ausschimpft und bestraft, Hauptsache, er kommt wohlbehalten zurück. Und er muss zurück sein, bevor die Stadttore geschlossen werden. Jeden Abend werden die Tore der Stadt verriegelt, und da die Stadt ganz von einer Mauer umgeben ist, kann dann niemand sie bis zum nächsten Morgen betreten oder verlassen. Was wird er machen, wenn er nicht mehr hereinkommt? Und was, wenn er gar nicht mehr kommt?

Und plötzlich: ein riesiger Knall! Aus der Ferne hören sie eine gewaltige Explosion und sehen Funken aufsteigen. Mej springt auf und beginnt vor Schreck zu weinen. Was war denn das?

Irgendwo dort hinten, hoch über dem Palast eines Adligen steigen mit großem Getöse schöne Funken in den Himmel auf! Ihr kleiner Bruder rennt erschrocken in ihre Arme, und beide stehen da und weinen. Sie kennen noch kein Feuerwerk, denn das wurde erst vor kurzem erfunden.

»Vater, Vater«, weint Mej, »Vater, komm endlich!«

Und siehe da, auf einmal hört sie seine Donnerstimme: »Was ist denn hier los?!« Sie dreht sich schnell um: Vater ist da! Er ist zurück! Er sieht verärgert aus, aber Mej lächelt ihn an, hinter ihren Tränen.

Der Vater führt Mej Ling und ihren kleinen Bruder langsam zur Mutter. Alle versammeln sich zum Essen. Danach gibt es Tee. Mej fühlt sich besser. Es ist so beruhigend, wenn alle zusammensitzen und Tee trinken. Man kann sich kaum vorstellen, dass man zu dieser Zeit auf dem Rest der Welt noch gar keinen Tee kennt.

Vater erzählt von seiner Reise. Unterwegs hat er schlafende Pandas gesehen. Er hat versucht, einen zu jagen und nach Hause mitzubringen, für das Fleisch und das Fell. Aber plötzlich sind sie aufgewacht, und so ist es ihm nicht gelungen. Das finden alle schade. Zu ihrer Zeit gibt es viele Pandabären, und noch denkt niemand daran, dass man sie schützen muss.

Ob er sich wegen der Pandas so verspätet hat, möchte Mej fragen. Aber sie will nicht ungezogen klingen. Dann erzählt der Vater aber von sich aus, warum er erst so spät gekommen ist: Er hat mit seinem Freund »Go« gespielt und dabei die Zeit vergessen. Das ist ein kompliziertes Brettspiel, und Vater beschreibt die verschiedenen Schritte, die er gemacht hat, bis er siegte. Mej hört begeistert zu. Sie kennt das Spiel. Wenn Vater Zeit hat, bringt er es ihr bei, und sie kann es schon ziemlich gut. Vielleicht wird Vater später ein Runde mit ihr spielen? Aber dann fällt ihr der schöne Scherenschnitt mit den vier Blüten ein. Wenn er den sieht, wird Vater keine Lust mehr zum Spielen haben.

Vater stellt seine Teetasse ab. Ganz leise erzählt sie ihm von ihrem Missgeschick. Der Vater geht mit ihr den Scherenschnitt anschauen, betrachtet ihn lange und sagt: Schau, da ist noch etwas Platz, um neun winzige Blüten hinzuzufügen, dann hast du dreizehn, und dreizehn ist eine gute Glückszahl! Das wird ein wunderbarer Scherenschnitt!

Was passiert in dieser Zeit sonst noch auf der Welt?

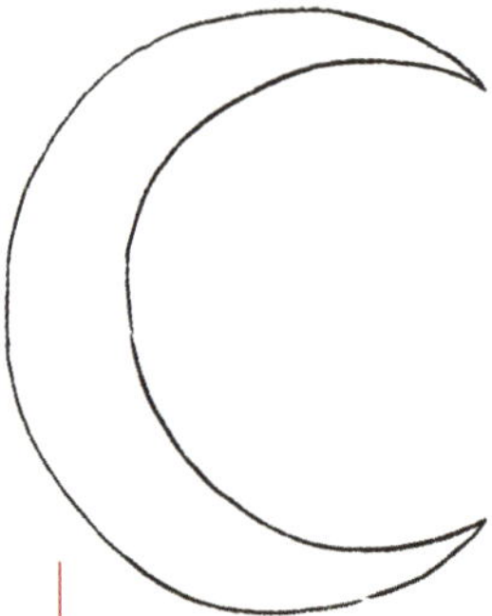

- In der Stadt Mekka auf der Arabischen Halbinsel gründet der Prophet Mohammed die Religion des Islam.

- Die christliche Jahreszählung, die wir heute benutzen, wird erfunden und beginnt sich auszubreiten.

- Die Mehrheit der Menschen auf der Welt kann nicht lesen und schreiben und unterschreibt mit ihrem Fingerabdruck.

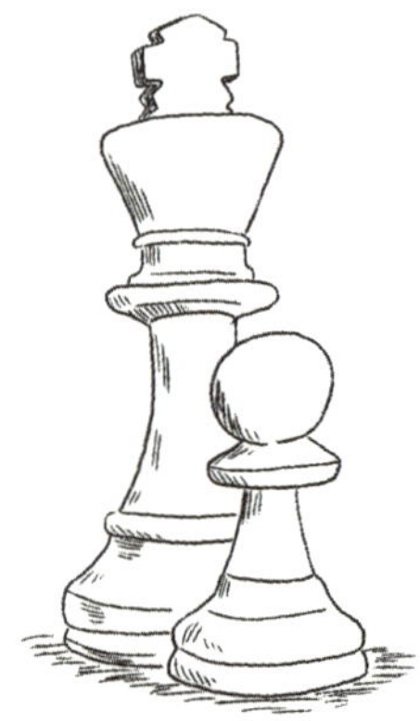

- Das Schachspiel verbreitet sich schnell über die ganze Welt.

- Die mythische Kämpferin Hua Mulan schließt sich etwa in dieser Zeit dem chinesischen Heer an.

11

Vor etwa 1300 Jahren
(750 n. Chr.)

Byzantinisches Reich, Kappadokien, heutige Türkei, Asien

PETRUS

Allein. Endlich allein. Wie lang hat Petrus auf diese Stille gewartet. Für sie hat er seine Familie verlassen und ist hierhergekommen. Bei ihm zu Hause war es immer eng mit vielen Geschwistern. Und jeden Tag kamen auch noch Verwandte und Nachbarn vorbei. Oft hatte er an Onkel Gregor denken müssen, der das Dorf verlassen hatte und sehr weit weggezogen war, um in einem abgelegenen Kloster als Mönch zu leben. Wie sehr hatte Petrus ihn um diesen ruhigen Ort beneidet, an dem man schweigt, ernsthaft arbeitet, alte Handschriften abschreibt und die anderen Mönche nur zum Gebet trifft oder wenn man etwas braucht. So ein Ort wäre auch für mich das Richtige, hatte er gedacht, ich bin gern allein. Er versuchte, seine Eltern zu überzeugen, dass sie auch ihn ins Kloster ließen, aber sie waren dazu nicht bereit.

Besonders anstrengend für Petrus war seine Cousine Theodora, ein geselliges Mädchen. Sie redete die ganze Zeit, sang, tanzte und lachte laut. Alle schimpften mit ihr: »So benimmt sich ein anständiges Mädchen nicht, du musst ruhiger werden, ernsthafter, leiser und tun, was man dir sagt.« Aber sie hörte nicht auf, zu tanzen und bei jeder Gelegenheit ein Rad zu schlagen. Und sie drängte Petrus, mitzumachen.

Wann immer er konnte, schlich sich Petrus aus dem Haus, um irgendwo allein zu sein. Nicht weit entfernt stand ein altes verlassenes Theater. Hier gab es keine Aufführungen mehr, denn zu dieser Zeit hatten Theater einen schlechten Ruf. Sie waren verboten, denn im Grunde verbargen die Schauspieler die Wahrheit. Sie verkleideten sich, und die ganze Vorführung war eine Welt von Lug und Trug. Es verderbe den Charakter des Publikums, das sich nur vergnügen wolle und seine Zeit damit verschwende, hieß es. Petrus sah das auch so. Der Mensch sei geboren, um ein guter Christ zu sein, nicht dafür, einfach das Leben zu genießen. Aber Petrus war froh, dass das Theater noch stand. So konnte er allein auf den alten Steintreppen sitzen und in Ruhe nachdenken. Hier war sein geheimes Eckchen.

Eines Tages entdeckte Theodora ihn dort. Sie fand, er sei zu ernst, und wollte ihn aufmuntern. So ahmte sie auf der alten Bühne verschiedene Leute und Tiere nach und führte ihm ihre Akrobatik vor, sogar richtige Saltos. Doch Petrus versuchte, sie nicht dafür zu bewundern, denn in seiner Zeit fand man es nicht richtig, den Körper auszubilden, weil er von allem Geistigen und Heiligen ablenkte.

Theodora setzte sich neben ihn und flüsterte ihm zu: »Weißt du was, wenn ich groß bin, will ich Schauspielerin oder Tänzerin werden.« Petrus erschrak. Er wusste, es gab umherziehende Schauspieler, die von einem Ort zum nächsten gejagt wurden. Sie machten manchmal heimliche Aufführungen für Leute, die nicht widerstehen konnten. Theodora sah das Entsetzen auf seinem Gesicht und wurde traurig. Da tat sie Petrus leid, und er meinte: »Vielleicht kannst du ja in der

Kirche auftreten und dort Lieder zum Lobe Gottes singen. Das wäre ehrenhaft.«

Theodora versprach, es zu versuchen. Einige Wochen sang sie fromme Lieder und begeisterte sich sogar dafür, aber wenn dann alle im Chor sangen, begann sie, sich dabei wieder zu bewegen und zu tanzen, und sie genoss es! Ihr war nicht zu helfen, dachte sich Petrus.

Petrus musste sich ein neues Versteck suchen, in dem er allein sein konnte. Und siehe da, eines Nachts hatte er einen Traum. Im Traum war er allein an einem stillen Ort, umringt von großen Felsen. Am Morgen erzählte er den Traum seinen Eltern. Da sie glaubten, Träume seien Botschaften Gottes, auf die man hören sollte, verstanden sie, sie hatten keine Wahl: Der Traum bedeutete, dass Petrus Einsiedler werden sollte. »Wenn auch der Traum es zeigt«, sagten seine Eltern, »dann geh ins Kloster. Träume weisen uns den Willen Gottes.«

So hatte Petrus sich auf den Weg gemacht. Und jetzt ist er hier. Er sitzt allein in einer in die Felswand geschlagenen Zelle des Klosters. Um ihn herum herrscht völlige Stille. Onkel Gregor ist gerade zu den benachbarten Mönchen gegangen, um ein paar Eier und Milch zu holen. Petrus wird eine Weile hierbleiben und sich im Lesen der heiligen Schriften üben. Theodora würde verrückt werden, wenn sie hier so sitzen müsste, denkt er sich. Aber für ihn ist es genau richtig. Er liest laut, denn zu seiner Zeit ist es weniger üblich, leise zu lesen. Er versucht, sich auf das zu konzentrieren, was da geschrieben steht. Zum Glück begann man in seiner Zeit schon, zwischen den geschriebenen Wörtern Zwischenräume zu lassen. So sah man leichter,

wo ein Wort endet und wo das nächste beginnt. Trotzdem fällt es ihm schwer, bei der Sache zu bleiben. Etwas anderes weckt seine Neugier.

Auf dem Boden seiner Zelle liegen kleine Säckchen. Immer wieder muss er dorthin schauen. Was da wohl drin ist? Als er hier ankam, hatte der Onkel ihm die wenigen Gegenstände in seiner Zelle gezeigt und ihm erklärt, wozu man sie verwendet. Aber zu den Säckchen hatte er nichts gesagt.

Petrus unterbricht sein Lesen. Er setzt sich auf den Boden und knotet vorsichtig die Schnur eines der Säckchen auf und schaut hinein. Es ist voll mit kleinen roten Steinchen. Und das nächste? Lauter blaue Steinchen! Er hält einen Moment inne, war das ein Geräusch? Waren das Schritte? Nein, sein Onkel kommt noch nicht zurück. Petrus kennt seine Schritte schon. Weil er nicht gut sieht, schlurft er langsam, um nirgends anzustoßen. Wenn man schon Brillen erfunden hätte, könnte der Onkel besser sehen. Aber ohne Brille sieht er so wenig, dass sie ihn im Kloster »Gregor, den Blinden« rufen. Vielleicht denkst du, es ist nicht nett, jemanden so zu nennen, aber das ist keine Beleidigung: Zu dieser Zeit gibt es noch keine Nachnamen. Um zwischen Leuten mit demselben Vornamen zu unterscheiden, bekommt jeder einen Beinamen. So heißt auch Petrus hier »Petrus der Knabe«, denn im Kloster gibt es bereits »Petrus den Großen«, »Petrus den Bleichen« und auch einfach »Petrus«, der als Erster hier war.

Gregor der Blinde ist also noch nicht zurück, und so beschließt Petrus, auch noch in das dritte Säckchen zu schauen, um zu sehen, welche Farbe die kleinen Steinchen darin haben. Aber diese Farbe ist schwer zu erkennen. Ist es ein Gelb? Er schüttet das Säckchen aus. Und siehe da, es sind goldene Glassplitter. Sie glänzen wunderschön! Vielleicht glänzen auch die anderen, wenn man sie aus den Säckchen herausholt?

Er versucht, ein paar herauszuschütten, aber es fallen gleich viele heraus, und sie hüpfen über den Boden und vermischen sich mit den anderen. Was soll er jetzt tun? Er beginnt, sie schnell wieder nach Farben zu sortieren, doch dann hört er das Schlurfen seines Onkels. Petrus beeilt sich, aber die Schritte sind schon ganz nah, und so legt er die letzten Steinchen unverlesen in eines der Säckchen. Er bindet das Säckchen zu, kehrt zurück an seinen Platz und liest mitten im Satz laut weiter, so als habe er das die ganze Zeit getan.

Der Onkel kommt herein. Er trägt vorsichtig eine Schüssel mit Eiern. »Du liest schön«, lobt er ihn.

Da überkommt Petrus ein Gefühl der Scham. Jetzt merkt er, dass er von Theodora gelernt hat, zu schauspielern und zu lügen. Er fühlt sich schuldig. Warum hat er den Onkel nicht einfach gefragt, was in den Säckchen ist? Warum hat Petrus sie ohne seine Erlaubnis aufgemacht? Jetzt wird der Onkel die vermischten Steine entdecken! Was soll er bloß tun? Er liest laut weiter, aber er kann sich nicht mehr konzentrieren. Er legt das Buch zur Seite und steht auf.

»Ich geh ein bisschen spazieren«, murmelt er.

Draußen sind viele hohe Felsen mit steilen Abhängen. Petrus klettert auf einen davon und rutscht ihn hinunter, und klettert wieder hinauf und rutscht hinunter. Obwohl er weiß, dass es verboten ist, sich zu vergnügen, kann er nicht damit aufhören. Das beruhigt ihn irgendwie. Zu Hause hatte es nichts zum Rutschen gegeben, denn die ersten Spielplätze für Kinder werden erst über 1000 Jahre später angelegt. Ein Glück, dass es hier solche Felsen gibt.

Der Grund, warum Mönche sich vor vielen Jahren entschieden, ausgerechnet zwischen diesen Felsen zu leben, ist, dass es vor vielen Jahren verboten war, Christ zu sein. Wer Christ sein wollte, musste das verstecken. Hier zwischen den vielen Felsen gelang es den ersten Mönchen, sich Verstecke in die Felsen zu schlagen. So fanden ihre Verfolger sie nicht. Petrus kann sich nur schwer vorstellen, dass es einmal verboten war, Christ zu sein. Zu seiner Zeit ist es nämlich gerade umgekehrt: Wer kein Christ ist, muss sich verstecken, sonst wird er bestraft.

Petrus rutscht immer wieder mit Schwung den Rutschfelsen hinunter, bis er plötzlich hört, dass Onkel Gregor seinen Namen ruft. Hat der Onkel entdeckt, dass er die Steine vermischt hat? Wird er ihm jetzt böse sein? Wird er ihn nach Hause schicken? Besorgt betritt Petrus die Zelle.

»Komm, Petrus, koch du die Eier, ich habe anderes zu tun«, bittet der Onkel ihn. Petrus atmet auf. Er nimmt die Kerze, die immer brennt, damit man nicht jedes Mal mühsam Feuer entfachen muss, und zündet mit ihr ein Feuer unter der Schüssel mit den Eiern an. Er schüttet Wasser dazu und beginnt ein Gebet zu sprechen, das genau so lang dauert, wie die Eier zum Kochen brauchen. Zur Zeit von Petrus, in der noch niemand zu Hause eine Uhr hat, misst man die Zeit, indem man

ein Gebet von einer bestimmten Länge spricht. Wenn man mit dem Gebet fertig ist, sind auch die Eier fertig.

Aber oje, während Petrus das Gebet spricht, hebt Onkel Gregor eines der Säckchen auf. Petrus tut so, als sei er ganz ins Gebet versunken, doch seine Augen wandern zum Onkel. Der öffnet ausgerechnet das Säckchen mit den gemischten Steinen. Er nimmt eine Handvoll heraus und schaut sie sich lange an, dann tut er sie zurück in das Säckchen und seufzt enttäuscht. Petrus errötet bis unter die Haarspitzen und spricht das Gebet zu Ende.

Endlich sind die Eier fertig, und sie essen schweigend. Irgendwann wagt Petrus zu fragen: »Onkel Gregor, ist irgendwas passiert?«

Der Onkel schaut traurig und sagt: »Ich wollte ein Mosaik für unser Kloster machen: Das Bild einer Weltkarte, umringt von den Figuren der Heiligen. Aber meine Augen sehen jeden Tag schlechter, und anscheinend habe ich sogar die Steinchen der verschiedenen Farben vertauscht. Wie soll ich da ein Mosaik machen?«

Petrus ist schon drauf und dran, ihm die Wahrheit zu sagen, da bedrückt ihn plötzlich etwas ganz anderes. »Onkel Gregor, bist du dir sicher, dass man ein Mosaik mit den Gestalten von Heiligen machen darf? Du erinnerst dich bestimmt noch an die Kirche, die neben unserem Haus war? Dort wurden alle Statuen zerschlagen, weil man Angst hatte, die Menschen könnten denken, die Statuen selbst besäßen göttliche Kräfte, und man würde sie anbeten. Es ist doch wichtig, dass die Leute verstehen, dass sie nicht göttlich sind, oder?«

»Du hast recht, viele glauben, Statuen seien verboten«, sagt der Onkel. »Sie können wirklich zu Götzendienst führen. Aber unsere Mönche hier meinen, dass Mosaike ja nicht so echt aussehen wie Statuen. Sie helfen den Leuten, sich die Heiligen vorzustellen und einzuprägen, und das ist etwas Gutes. Und überhaupt«, erklärt der Onkel noch, »wollte ich die Heiligen nicht so darstellen, dass sie echt aussehen, nicht so, wie die Griechen früher gemalt und gemeißelt haben, denn das ist wirklich eine Sünde. Ich wollte, dass sie gemalt aussehen.

Wichtig ist ja nur, wofür das Bild steht.« Der Onkel verstummt und sagt dann mit gesenktem Kopf: »Ich wollte glänzende goldene Glassteinchen benutzen, um den Eindruck himmlischer Heiligkeit zu erwecken, aber jetzt weiß ich nicht, ob ich das noch hinkriege.«

»Vielleicht kann ich dir dabei helfen?«, fragt Petrus zögernd.

Der Onkel überlegt lange. »Man braucht viel Geduld für so ein Mosaik.«

»Ich bin bereit! Du zeigst mir, wie es geht.«

»Versuchen wir es gemeinsam?« Plötzlich strahlt das Gesicht des Onkels. »Ja, du hilfst mir, gemeinsam kriegen wir das hin. Zuerst machen wir die Erdteile.«

Er bringt ein Holzbrett, auf das sie die Steine aufkleben, und erklärt: »Schau, der Osten muss im oberen Teil der Karte sein, das ist immer so, denn dort geht die Sonne auf. Hier, rechts, kommt Afrika hin, hier, links davon Asien und Europa hier unten. Das sind die drei Erdteile, die es auf der Erde gibt: Und die heilige Stadt Jerusalem kommt in die Mitte, sie ist der Mittelpunkt der Welt. Lass uns mit ihr beginnen. Wir schmücken sie mit vielen goldenen Glasstückchen.«

Petrus bringt die nötigen Steinchen. Er freut sich, dass er das Durcheinander, das er gestiftet hat, wieder gutmachen kann. Ab jetzt wird er den Onkel nie mehr anlügen, schwört er sich. Sie kleben zusammen, langsam und mit viel Geduld ein wunderschönes Mosaik. Ein Mosaik wie viele, die in dieser Zeit entstanden sind. Und vielleicht darf man sich doch ein bisschen an ihm freuen.

Was passiert in dieser Zeit sonst noch auf der Welt?

Karl der Große, der erste Kaiser des Heiligen Römischen Reiches, gilt als einer der größten Herrscher des mittelalterlichen Europas und regiert über Westeuropa.

In China regiert die Tang-Dynastie, mit ihr beginnt eine Epoche des Aufschwungs, der Entwicklung und Offenheit gegenüber der Welt außerhalb Chinas. In dieser Zeit bringen arabische Händler das erste Papier aus China nach Europa.

Die Legende erzählt: In Äthiopien beobachtet ein chaldäischer Viehhirte, dass seine Ziegen, wenn sie von einer bestimmten Pflanze gegessen haben, wild herumhüpfen. So entdeckt er die Kaffeepflanze.

In Europa wird das Fragezeichen erfunden.

Die Wikinger breiten sich über Europa aus. Sie waren erfahrene Seefahrer und Händler, aber einige von ihnen waren auch Seeräuber.

12

Vor etwa
1000 Jahren
(1000 n. Chr.)

Bagdad, heutiger Irak, Asien

LATIFA

Vielleicht gibt es auf der Welt ja nützliche Steine, aber in diesem Moment findet Latifa sie einfach nur ziemlich ärgerlich. Sie sitzt neben ihrer Mutter im Hof. Zusammen verlesen sie Linsen, um die kleinen Steine, die sich zwischen ihnen verstecken, herauszuholen. Denn wenn die in der Linsensuppe landen, kann sich jemand an ihnen einen Zahn ausbeißen.

»Sind das ärgerliche Steine«, sagt Latifa zu ihrer Mutter, »wozu gibt es überhaupt Steine auf der Welt?« Die Mutter lächelt und möchte gerade antworten, da hören sie plötzlich aufgeregte Stimmen aus dem Haus. Was ist passiert? Was soll dieser Krach? Sie spitzen die Ohren.

Die Stimmen kommen aus dem Arbeitszimmer ihres Vaters. Soll sie hineingehen? Ihr Vater mag es nicht, wenn man ihn bei der Arbeit

stört. Aber da hört sie schon Machmud – er rennt, ohne zu zögern, hinein und kommt gleich danach jubelnd heraus: »Er hat es gefunden! Er hat es entdeckt!«

Latifa bleibt fast das Herz stehen: Ist es ihrem Vater tatsächlich gelungen, nach jahrelangem Forschen Gold zu machen?

Tage- und nächtelang hat ihr Vater verschiedene Materialien erforscht und versucht herauszufinden, wie man daraus Gold macht. In dieser Zeit wussten die Leute nicht, dass Gold als chemisches Element in der Natur vorkommt und dass man es gar nicht herstellen kann. Sie dachten, wenn man genug forschte, würde man einen Weg finden, aus billigen Metallen diesen wunderbaren Stoff herzustellen. Man glaubte nämlich, alle Metalle bestünden aus einer Mischung von Quecksilber und Schwefel und unterschieden sich nur darin, dass es in manchen mehr Quecksilber und in anderen mehr Schwefel gebe, die sich in jedem Metall auf andere Art und Weise miteinander verbinden. Um einfaches Metall in Gold zu verwandeln, müsse man einen bestimmten Stoff dazutun, den sie den »Stein der Weisen« nannten. Der würde dafür sorgen, dass sich Quecksilber und Schwefel auf andere Art miteinander verbänden und zu Gold würden. Doch wo konnte man ihn finden? Das wusste niemand.

Der Vater und seine Freunde haben viele Stoffe ausprobiert und viel herumgerechnet. Dabei machten sie zufällig einige andere Entdeckungen: Sie verbreiteten auf der Welt die Idee, Ziffern auf die Art zu schreiben, wie wir es heute tun, 1, 2, 3, 4, und nicht nur mit römischen Buchstaben I, II, III, IV. Sie verstanden auch, dass es so etwas gibt, was man null nennt. Null ist nicht »nichts«, null ist etwas, das leer ist. Und deshalb beschlossen sie, die Null als einen leeren Kreis zu schreiben, in dem nichts drin ist: 0. Ja, auf ihrem Weg, Gold herzustellen, machten sie zwar ganz unterschiedliche Entdeckungen, aber wie man Gold macht, das fanden sie bisher nicht heraus. Kann es sein, dass es ihrem Vater in ebendiesem Moment tatsächlich gelungen ist?

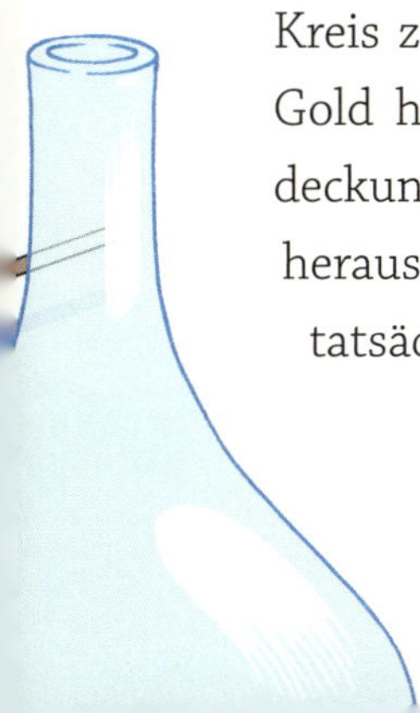

Latifa steht auf. Einen Moment ist ihr schwindelig vor Aufregung. Sie geht langsam zu Vaters Zimmer, traut sich aber nicht hinein. Einige von Vaters Freunden sind schon da und tuscheln aufgeregt mit ihm. Sie ist verwirrt, sie freut sich, ist aber auch nervös. Das schadenfrohe Gesicht ihres nervenden kleinen Bruders Machmud schaut hinter der Türe hervor. Er ist drinnen und sie draußen.

Machmud ist der Sohn ihres Vaters, aber er hat eine andere Mutter. Ihr Vater ist mit zwei Frauen verheiratet – das ist in dieser Zeit in dieser Gegend üblich. Es gibt Männer, die mit einer Frau verheiratet sind, und andere, die mit zwei, drei oder sogar vier Frauen verheiratet sind. Latifa weiß, ein Mann, der mit mehreren Frauen verheiratet ist, muss sie gleichbehandeln, aber sie weiß auch schon, dass das in der Wirklichkeit nicht immer so ist. Seit die zweite Frau ihrem Vater einen Sohn geboren hat, bevorzugt er sie gegenüber ihrer Mutter. Und wenn der Vater jetzt wirklich einen Weg gefunden hat, Gold zu machen, ist ja klar, was er mit diesem Gold tun wird. Er wird ein goldenes Schmuckstück für Machmuds Mutter fertigen und eben nicht für ihre Mutter.

Das schmerzt Latifa. Sie geht schnell wieder hinaus zu ihrer Mutter. Die sitzt weiter über die Linsen gebeugt, als habe sie nichts gehört. Latifa umarmt sie von hinten, und ihre Mutter hebt den Blick und lächelt sie an. »Und, hat er es gefunden?«

»Vielleicht«, sagt Latifa, aber sie freut sich nicht.

Die Mutter streichelt ihr Haar. »Alles wird gut, Latifa. Jetzt feiern wir erst mal. Wir bereiten etwas Besonderes vor.« Ihre Mutter holt aus einem Versteck ein Päckchen mit etwas sehr Wertvollem: Zuckerrohr. Erst seit kurzem verwendet man Zucker und bisher nur in seltenen Fällen, um das Essen bei festlichen Anlässen damit zu würzen oder um aus Heilpflanzen Bonbons herzustellen. Aber jetzt gibt Mutter Latifa eine Stange Zuckerrohr. »Hier, saug den Zucker da heraus, das soll sehr gesund sein«, sagt die Mutter, »und es macht auch gute Laune.« Latifa saugt. Stimmt. Das ist unglaublich süß!

Mutter presst aus dem Süßholz den Saft heraus und kocht ihn, bis er zu einem Brei wird. Einen Teil davon wird sie verwenden, um den Saft von Granatäpfeln und Mandeln zu süßen, den Latifa auch sehr gerne mag.

Sie reicht Latifa einen Stock, mit dem sie umrühren soll. Latifas Stimmung ist schon etwas besser, aber sie prüft noch immer aufmerksam das Gesicht ihrer Mutter. Warum ist sie nicht traurig? Versteckt sie ihre Trauer nur? Oder glaubt sie, dass der Vater gerade ihr den goldenen Schmuck geben wird? Versunken in diese Gedanken vergisst Latifa umzurühren. So klebt Zuckerbrei an dem Stock fest. Sie hebt den Stock hoch und leckt vorsichtig daran. Und siehe da, auch sie hat heute etwas erfunden: das erste Bonbon am Stiel, einen Lutscher! Sie lutscht weiter daran, das macht sogar richtig gute Laune! Sofort möchte sie ihre neue Erfindung ihrer Freundin Miriam zeigen, die nebenan wohnt, und sie probieren lassen. Mutter erlaubt es.

Latifa geht hinüber und grübelt: Wie gut hat es ihre Freundin, deren Vater nur eine Frau hat. Vielleicht ist er ja nicht reich genug, um mehrere Frauen und viele Kinder zu ernähren, aber Latifa beneidet ihre Freundin. Lustig, denkt sie sich, denn sonst beneidet Miriam immer sie. Miriam möchte nämlich auch grüne Kleider tragen. Grün ist ihre Lieblingsfarbe, aber sie ist Jüdin und nicht

Muslimin wie Latifa. Und nur Muslime dürfen grün tragen, denn das ist das Zeichen ihrer Religion. Und da in diesem Gebiet die Muslime regieren, können sie das bestimmen.

Es beginnt zu regnen, Pfützen bilden sich auf der Erde. Latifa geht schneller und tritt dabei aus Versehen in eine andere Pfütze. Ach, das ist diese ärgerliche schwarze Pfütze, die da immer ist! Seit ein paar Wochen sprudelt hier etwas Stinkendes aus der Erde. Es ist Öl. Latifa rutscht fast darauf aus und ein Fuß ist ganz schwarz. Wer braucht solches Öl? Außer, dass es dazu verwendet wird, das Dach regenfest zu machen, ist es zu nichts gut, denkt sie sich. Wie alle, die in ihrer Zeit leben, kann sie sich nicht vorstellen, dass man dieses Öl eines Tages das »schwarze Gold« nennen wird und es manchmal sogar noch begehrter sein wird als echtes Gold.

Latifa bückt sich und reibt sich erst das Öl vom Fuß und spült ihn dann in einer sauberen Pfütze ab. Das war's, jetzt ist ihre Haut wieder sauber. Mutter sagt ihr immer, sie habe eine besonders angenehme Haut, denn als Baby habe sie sie mit Salz massiert, und man weiß

ja, dass sich die Dinge mit Salz gut halten. Doch sofort spürt Latifa wieder einen Stich im Herzen. Sie erinnert sich, wie man Machmud, als er klein war, die Haut massiert hat. Sogar ihr Vater hatte alles stehen und liegen lassen und war gekommen, um das mit anzusehen. Hat er je seine Arbeit für sie oder für ihre Mutter unterbrochen? Daran kann sie sich nicht mehr erinnern. Vielleicht einmal, als sie noch ganz klein war, aber seit der Geburt des Bruders ...

Nichts zu machen, Latifa ist heute schlecht gelaunt, aber jetzt kommt sie zu ihrer Freundin, und Miriam ist ganz begeistert von dem Lutscher und bewundert Latifa für ihre Erfindung. Und da fühlt sich Latifa schon etwas besser.

Sie schauen hinaus und entdecken einen Regenbogen am Himmel. Wie schön! Latifas Herz wird weich. Sie hat den Eindruck, der Regenbogen strahlt im Himmel für sie, um sie an diesem Tag zu beruhigen, ihr Mut zuzusprechen und ihr zu sagen, dass jemand ihr diese Schönheit und Güte gönnt.

Da kommt Miriams Vater zu ihnen und sagt: »Ein schöner Bogen, nicht wahr? Wisst ihr, ich erforsche ja solche Erscheinungen, und ich bin stolz, denn diese Woche habe ich entdeckt, was dieser Bogen genau ist und wie er entsteht. Das ist so: Wenn Sonnenlicht auf Regentropfen trifft, dann brechen sich die Sonnenstrahlen beim Eintreten in jeden Tropfen. Und das tun sie auch, wenn sie ihn wieder verlassen. Ich bin der Erste, der das verstanden hat, und ich werde meine Erfindung auf der Welt bekannt machen!«

Latifa versucht zu lächeln, aber schon füllen sich ihre Augen mit Tränen. Plötzlich hat der Regenbogen seinen Zauber verloren! Nie mehr wird sie sich einfach so an ihm freuen können und das Gefühl haben, dass er genau für sie geschaffen wurde und ihr etwas sagen will. Ab jetzt werden das nur noch gebrochene Lichtstahlen sein. Manchmal ist es schade, dass man so viele Entdeckungen macht. Sie dreht sich um und entfernt sich ein paar Schritte von ihnen.

Miriam bemerkt das und holt sie zurück. »Entschuldige, wenn mein Vater dich langweilt«, flüstert sie, »aber du musst wissen, manchmal erfindet er auch wirklich tolle Sachen. Ihn interessiert alles, was mit Sehen zu tun hat. Mit dem Sehen eines Regenbogens und auch ... komm mal mit, ich zeig dir was!« Sie zieht Latifa in den Hof. Und dort, genau gegenüber von Latifas Grundstück, ist eine große schwarze Kiste aufgestellt, über der ein schwarzes Tuch hängt. Die Kiste ist von allen Seiten geschlossen und dunkel, und nur an einer der Seiten dringt durch ein winziges Loch Licht ein.

Ihre Freundin öffnet den Deckel der Kiste ein bisschen. »Komm mit unter das Tuch und schau in die

Kiste. Aber alles muss ganz dunkel sein, es darf sonst kein Licht in den Kasten kommen.«

Latifa bedeckt sich und ihre Freundin mit dem Tuch und schaut hinein. Zuerst sieht sie nur verschwommen, aber dann bleibt ihr, zum zweiten Mal an diesem Tag, fast das Herz stehen: Sie sieht den Nachbarhof vom Haus ihrer Eltern, und er ist genauso wie in Wirklichkeit, nur auf dem Kopf. Und wen sieht sie dort? Ihren Vater und ihre Mutter, wie sie dort stehen und sich unterhalten. Und sie lächeln einander an! Aber sie stehen auf dem Kopf. Wie schade. Anscheinend ist das nur Einbildung.

Sie nimmt das schwere Tuch vom Kopf, hebt den Blick und schaut zu ihrem Hof. Nein, das war keine Einbildung, das ist wirklich so. Ihre Eltern stehen dort zusammen. Sie schaut noch einmal durch die Öffnung in der Kiste und sieht ihr Bild wieder dort abgebildet.

»Wie geht das?«, fragt sie ihre Freundin.

»Das Licht aus dem kleinen Loch malt das, was draußen ist, wie ein Bild an die Innenwand der Kiste«, erklärt Miriam begeistert, »so als ob jemand die Wirklichkeit ganz genau abzeichnet, nur eben umgekehrt.«

Latifa schaut immer wieder ihre Eltern auf dem Bild und in der Wirklichkeit an und ist glücklich.

Doch dann erklingt von der Moschee die Stimme des Muezzins, der die Leute zum Gebet ruft. Ihr Vater geht eilig davon, und auch das Bild ihrer Eltern verschwindet. Könnte sie nur einen Weg finden, dieses Bild aufzubewahren, dann könnte sie es immer dann anschauen, wenn sie traurig oder besorgt ist. Aber obwohl dieser Kasten, diese »Camera obscura«, der erste Schritt zur Erfindung des Fotografierens ist, wird man das Fotografieren selbst erst 800 Jahre später erfinden. Zu dumm.

Indessen prägt sich Latifa dieses Bild tief im Herzen ein. Und vielleicht ist das ja sogar besser als eine Fotografie?

Was passiert in dieser Zeit sonst noch auf der Welt?

Der persische Wissenschaftler Abu Sina (Avicenna) schreibt auf Arabisch ein wichtiges Buch über das medizinische Wissen seiner Zeit. Dort steht unter anderem, dass es im menschlichen Körper vier verschiedenfarbige »Leibessäfte« gibt, die die verschiedenen Temperamente der Menschen und auch ihre Krankheiten begründen. Das glaubten die Menschen schon tausend Jahre zuvor, und sie werden es noch weitere 500 Jahre glauben.

Die erste Pasta wird von Arabern nach Italien gebracht. Sie haben einen Weg gefunden, Teig in Form von Nudeln zu trocknen, damit er auf ihren Reisen nicht verdirbt.

In Japan schreibt die Hofdame Mursaki Shikibu einen der ersten Romane auf der Welt und den ersten in Japan.

Der letzte Löwe in Europa stirbt aus.

13

Vor etwa 900 Jahren
(im Jahr 1100)

NIAMA UND OGOTOMELI

Wenn Ogotomeli merkt, dass seine Zwillingsschwester Niama mal wieder verschwunden ist, weiß er, wo er sie finden kann: Am Rand des Dorfes wächst ein großer, alter Baobab, ein Baum, zu dem sich beide gerne flüchten. Seine Schwester ist bestimmt auch jetzt dort. Schon frühmorgens war sie mit dem großen ausgehöhlten Kürbis, der ihnen als Eimer dient, zum Wasserschöpfen an den Fluss gegangen. Er hatte gesehen, wie sie immer wieder Wasser holte, während er Hirse mahlte, aber irgendwann hatte er sie nicht mehr gesehen. Dabei hatte sie ihm doch versprochen, ihm zu helfen, das Kostüm für den Maskentanz heute vorzubereiten. Er traut sich nicht, das allein zu tun.

Er nähert sich dem großen Baum, und tatsächlich sitzt Niama unter ihm. Doch als sie ihn sieht, steht sie auf und versteckt sich hinter

dem gewaltigen Stamm. Ogotomeli ärgert sich. Was hat sie denn? Ausgerechnet jetzt, da er ihre Hilfe braucht, weil er zum ersten Mal am Maskentanz mitmachen wird?

Er umkreist den Stamm und setzt sich zu Niama, schweigt zornig und wartet, dass sie ihm erklärt, was ihr Problem ist. Indessen wandert seine Hand über die raue Rinde des Baumes und streichelt sie. Dieser Baobab ist sehr alt. Er wächst dort seit Hunderten von Jahren, vielleicht sogar schon seit tausend Jahren. Niama sagt immer, der Baum sieht so alt und weise aus wie Großmutter und Großvater.

Und ihre alten Großeltern wissen wirklich alles. Bei jedem Problem, in jeder Notlage haben sie einen guten Rat für sie bereit. Und wenn Ogotomeli wütend auf Niama ist, so wie jetzt, erinnern die Großeltern ihn daran, dass es ein großes Glück ist, Zwillinge zu sein. Denn die ergänzen einander, genauso wie Licht und Wasser, die ebenfalls Zwillinge sind und die bei der Entstehung der Welt die ganze Vielfalt hervorbrachten, die es auf der Erde gibt.

»Wenn ihr zusammen seid, bringt ihr Gutes über die Welt«, sagen die Großeltern immer, damit sie sich schnell wieder vertragen. Und natürlich hört Ogotomeli auf sie und verträgt sich wieder. Auch jetzt legt er Niama die Hand auf die Schulter und lächelt ein bisschen, obwohl sie ihn nervt. Es ist wichtig, auf die Großeltern zu hören. Alle Mitglieder ihres Stammes, des Dogon-Stammes, hören auf sie. Bei ihnen bestimmen die Alten, denn sie haben die meiste Lebenserfahrung und besitzen viel Wissen aus alten Zeiten.

Vielleicht wird es dich erstaunen, aber Niamas Großeltern sind schon vor einigen Monaten gestorben, und trotzdem wissen Niama und Ogotomeli, dass sie weiter auf sie hören und sie um Rat fragen können. Wie ist das möglich? Der Stamm glaubt, dass jemand, der erst vor kurzem gestorben ist, sich noch in der Nähe aufhält und dass man mit ihm Kontakt aufnehmen kann.

»Was ist mit dir los?«, fragt Ogotomeli.

»Nichts weiter«, sagt sie und versucht zu lächeln, aber sie sieht besorgt aus.

»Dann steh auf«, sagt er und reicht ihr die Hand, »und hilf mir, mich als Busch zu verkleiden, für den Maskentanz. Du findest bestimmt gute Zweige und Blätter.«

Sie bleibt noch einen Moment sitzen, ergreift dann doch seine Hand und steht auf. Im Gebüsch um sie herum suchen sie die dünnsten Zweige mit den meisten Blättern. Ogotomeli pflückt einige ab und steckt sie sich in die Kleider. Niama fügt weitere hinzu, bindet ihm auch welche um und ordnet sie schön an. Zum Schluss sieht Ogotomeli aus wie ein echter kleiner Busch, genau so, wie die jüngsten Tänzer heute aussehen müssen. Niama betrachtet ihn, muss etwas lachen, aber sie sieht noch immer besorgt aus.

»Auch du fürchtest dich vor diesem Tanz, nicht wahr?«, fragt Ogotomeli. »Ich auch. Als er das letzte Mal im Dorf getanzt wurde, waren wir noch klein, und ich weiß nicht mehr viel davon. Nur noch, wie sehr ich mich vor den Masken der Erwachsenen gefürchtet habe, und auch vor den Busch-Kostümen der Jungen.« Er wedelt mit seinen Zweigen.

»Pah, davor hab ich doch keine Angst«, überrascht ihn Niama, »schau dich doch an, du siehst lächerlich aus, du machst niemandem Angst. Und wir sind jetzt schon groß. Damals waren wir so klein, dass du noch nicht mal als Junge galtest und ich noch nicht als Mädchen.«

Sie meint, als sie erst vier oder fünf waren. In ihrem Stamm werden die kleinen Kinder noch nicht in Jungen oder Mädchen unterschieden, jedes Kind ist beides. Man glaubt dort, dass jedes Kind mit einer männlichen und einer weiblichen Seele geboren wird. Erst wenn sie etwa zehn Jahre alt sind, werden sie zu Mädchen oder Jungen.

Niama reicht ihm die Hand, und sie gehen zurück zu den Lehmhäusern des Dorfes. »Willst du wissen, wovor ich mich wirklich fürchte?«, fragt sie schließlich. »Ich bin es gewohnt zu spüren, dass die Geister von Großmutter und Großvater immer noch hier in der Gegend sind. Und jetzt sagt Vater, dieser Tanz sei dazu da, sie und all die anderen Toten von uns hier ins Reich unserer Vorfahren zu begleiten. Ich weiß, das muss so sein, und gerade von dort aus können sie uns sogar besser beschützen und uns besser helfen, aber das klingt so weit weg! Vielleicht werde ich mich, wenn sie dann so weit weg sind, noch viel stärker nach ihnen sehnen?«

Ogotomeli schluckt. Auch er sehnt sich nach Großvater und Großmutter. Er weiß nicht, was er ihr antworten soll. Aber jetzt können sie sowieso nicht weiterreden, weil sich im Dorf schon alle zu der großen Zeremonie versammeln. Ogotomeli und Niama begrüßen jeden, den sie sehen, und fragen: »Wie geht es dir und wie deiner Familie?« Auch wenn sie die Leute heute schon gesehen und sie das schon gefragt haben, fragen sie noch einmal. So ist es bei ihnen üblich, denn das Verhältnis zu den anderen Mitgliedern des Stammes ist ihnen sehr wichtig.

Indessen versammeln sich alle erwachsenen Tänzer mit den großen Holzmasken. Ogotomeli nimmt seinen ganzen Mut zusammen und geht zu ihnen hin. Tatsächlich sind die Masken gar nicht so bedrohlich wie in seiner Erinnerung. Jetzt machen sie ihn neugierig, und er kann es nicht erwarten, schon bald mit ihnen zu tanzen.

Ogotomeli wird sofort in den Tanz mit hineingerissen. Es ist, als erwachten die Masken zum Leben. Er sieht einen Ochsen, ein Krokodil und einen Hasen und eine Antilope und noch viele andere Tiere mit ihm tanzen. Und auch eine Maske, die Himmel und Erde miteinander verbindet. Er selbst, der wachsende Busch, tanzt mit ihnen. Und er spürt auch, dass sie seinen Großvater und seine Großmutter begleiten.

Im Rhythmus der Trommeln marschieren die Tänzer in einer Reihe, die sich zu einem Kreis formt, bewegen ihre Arme und Beine mal

in den Kreis hinein und dann wieder nach außen; sie wackeln mit den Köpfen, die Erwachsenen mit den Masken, Ogotomeli und die anderen Kinder mit ihren Zweigen. Kleine Sandwolken steigen unter ihren nackten Füßen auf, der Rhythmus wird immer schneller. Sie springen und hüpfen und begleiten zusammen die Geister der Großväter und Großmütter aus dem Dorf hinaus, hinaus aus dem Bereich der Lebenden ins Reich der Vorfahren. Dort werden Großvater und Großmutter zu Stammesvätern und Stammesmüttern, und dann können sie zwischen den verschiedenen Kräften der Natur und den Leuten ihres Stammes eine Verbindung herstellen und immer helfen.

Als der wilde Tanz endet, geht Ogotomeli gleich Niama suchen. Er muss ihr erzählen, dass der Tanz gelungen ist. Er hat es richtig spüren können: Großvater und Großmutter sind jetzt am richtigen Ort. Weiter weg, aber nah. Sie werden immer dort sein.

Die Mitglieder des Stammes bedanken sich beieinander und gehen in ihre Häuser. Aber wo ist Niama? Er sucht sie unter den ganzen Tanzenden und im Publikum. Aber auch nachdem sich alle verstreut haben, findet er sie nicht.

Es wird schon dunkel. Wo ist sie hingegangen?

Natürlich weiß Ogotomeli, wo er sie finden wird. In der Abenddämmerung geht er zum alten Baobab. Niama sitzt an dessen Fuß. Er möchte ihr sagen, dass alles in Ordnung ist, dass der Tanz gut gegangen ist, aber genau in dem Moment bewegt sich etwas in der Baumkrone und beide schauen nach oben. Ein Pavian läuft über die Äste, sammelt zur Nahrung Insekten und pflückt und zerkaut die großen hellen Blüten. Es sind Blüten, die sich nur nachts öffnen. Sie blühen nur eine einzige Nacht, am Morgen werden sie welken.

Der Pavian wirft eine Blüte auf die Erde. Ogotomeli hebt sie auf und schaut sie an. Die Blüten sterben, denkt er sich, aber der alte Baum lebt und wird noch viele Blüten und Früchte wachsen lassen. Auch Großvater und Großmutter sind gestorben, aber die alten Geister ihrer Vorfahren leben weiter und werden den kommenden Generationen noch viele gute Sachen geben. Wie soll er Niama das erklären?

Er reicht ihr die Blüte. Sie riecht ihren süßlichen Duft, lächelt ein bisschen und legt die Hand auf den Arm ihres Zwillingsbruders. »Es stimmt, dass Großvater und Großmutter weit weg sind«, sagt sie, »aber wir beide werden immer zusammen sein, nicht wahr? Wie Wasser und Licht.«

Was passiert in dieser Zeit sonst noch auf der Welt?

- Händler aus dem Mittelmeerraum durchqueren die Wüste Sahara auf Kamelen nach Afrika, wo es viel Gold gibt, um damit zu handeln. Dabei bringen sie die Religion des Islams nach Afrika.

- Die berühmte Festung von London, der Tower, wird gebaut.
- Zwischen dem letzten Kapitel und diesem wird Oslo, die Hauptstadt von Norwegen, gegründet.
- In China werden die Geldscheine erfunden. Statt viele Säcke Getreide zu schleppen, kann man nun mit einem Stück Papier bezahlen.
- Die Kreuzzüge beginnen: Das waren Kriegszüge von Christen aus Europa in den Nahen Osten mit dem Ziel, das Heilige Land aus der Hand der Muslime zu befreien.

14

Vor etwa 800 Jahren
(um das Jahr 1200)

Fürstentum in einer Gegend von Europa, die heute Deutschland ist

CHARLOTTE UND CHARLOTTE

Heute ist Charlottes Geburtstag, aber das weiß sie nicht. Nicht, weil sie ihn vergessen hätte oder weil jemand versucht, eine Überraschungsparty für sie geheim zu halten. Sie weiß einfach nicht, wann ihr Geburtstag ist, und sie hat es auch nie gewusst, denn Geburtstage werden in dieser Zeit nicht besonders gefeiert. Sie weiß, dass sie etwa neun oder zehn Jahre alt ist, dass sie schon einiges machen darf, was große Kinder tun, und dass sie für andere Dinge noch zu jung ist. Das ist alles.

Für sie ist es ein ganz normaler Tag. Sie streift durch das schöne große Schloss – aber nicht etwa, weil sie Geburtstag hat. Sie wohnt da eben. Sie trägt ein hübsches, neues Kleid, das sogar Knöpfe hat – aber nicht, weil sie Geburtstag hat. Man hat in dieser Zeit angefangen,

Knöpfe und Schlaufen an die Kleider zu nähen, und ihre Mutter hat den Schneider gebeten, ihr ein modernes Kleid mit Knöpfen zu schneidern, so wie sie es bei Freundinnen aus anderen Adelsfamilien gesehen hat.

Sie sitzt zum Essen mit vielen Menschen am Tisch – aber nicht etwa, weil sie Geburtstag hat. Es ist einfach so, dass sich alle, die im Schloss leben – ihre adlige Familie, die Ritter, die sie beschützen, und andere Schlossbewohner – im großen Saal zum gemeinsamen Essen versammeln.

Sie sitzt auf dem wichtigsten Platz im prunkvollen Saal und isst Weißbrot und Fleisch, Pfannkuchen und gebratene Krapfen von schönen Tellern. Eben das, was die Edelleute in dieser Zeit essen, und dies gilt als das beste und gesündeste Essen. Sie trinkt ein Gläschen Wein. In dieser Zeit trinken alle Wein, auch Kinder in jedem Alter, denn das Wasser in der Gegend ist meistens von Abwässern verschmutzt.

Manchmal gibt es auch Eis – dafür vermischen die Köche zerstoßene Früchte mit Eis aus dem »Eishaus«, wo das Eis aufbewahrt wird, das man im Winter vom zugefrorenen Fluss geholt hat. (In Zeiten, in denen der Fluss verschmutzt ist, hat das Eis manchmal einen sonderbaren Geschmack – aber heute schmeckt es gut.) Sie achtet darauf, alles vornehm zu kauen. In ihrer Zeit muss alles, was ein Mädchen aus adliger Familie tut, edel sein, damit man sieht, dass sie anders ist als die einfachen Mädchen vom Dorf.

Sie geht in den Hof und lässt Seifenblasen steigen, aber auch das tut sie nicht, weil sie Geburtstag hat. Zu ihrer Zeit ist es ein verbreitetes Spiel, ein Schälchen mit Seifenwasser zu nehmen und mit Hilfe eines Tonröhrchens Blasen aufsteigen zu lassen.

Sie betrachtet die Jongleure und die Narren. Auch die wohnen fest im Schloss und proben jeden Tag, damit sie, wenn es ein Festessen

oder einen Ball gibt, auftreten können. Sie schaut auch den Rittern zu, wenn sie den Kampf mit Pferd und Rüstung proben, und lauscht dem Sänger, der ein bewegendes Lied von Rittern und Prinzessinnen singt, das er gedichtet hat und auf der Laute begleitet.

Sie spielt mit einem Falken, den sich ihre Familie als Haustier hält. Der hilft ihnen beim Jagen, und man muss ihn dressieren, dass er sich bei ihnen sein Futter abholt und ihnen gehorcht. Danach macht sie einen herrlichen Spaziergang in der Natur, in den Jagdgebieten des Schlosses, die nur von ihr und ihrer Familie betreten werden dürfen.

Zurück im Schloss öffnet sie eine große Truhe mit schönen Schätzen, und das ist kein Geschenk zu ihrem Geburtstag. Es gibt viele solche Truhen in ihrem Haus. Die meisten Dinge werden in solchen Truhen aufbewahrt, denn ihr Vater muss öfters woanders leben, und deshalb will man auf der Reise die Sachen möglichst bequem mitnehmen können. Stühle, Betten, alles ist so gebaut, dass man es zusammenklappen kann, alles hat Tragegriffe. Sogar die Badewanne!

Sie ruht sich ein bisschen im Schlafzimmer aus; dem einzigen Ort, wo sie mal für sich allein sein kann, und das Bett ist angenehm und sehr bequem.

Sie geht in die Kapelle der Familie beten und spendet für die Armen – und das tut sie nicht, weil sie heute Geburtstag hat, sondern weil es von einem adligen Mädchen wie ihr so erwartet wird.

Ihr Cousin lässt sie beim Schachspiel gewinnen, aber auch das nicht, weil sie das Geburtstagskind ist. Er lernt vielmehr, Ritter zu sein, und eine der Regeln der Ritterlichkeit ist, zu Mädchen immer höflich zu sein.

Sie bläst einen Ballon auf – nicht als Schmuck für ihren Geburtstag, sondern um ihn als Ball zum Spielen zu verwenden. Der Ballon ist aus einer Schweinsblase gemacht, so war es damals üblich.

Sie spielt mit kleinen Spielzeugtieren aus Keramik, die sie neu bekommen hat, und auch die sind nicht Geburtstagsgeschenke. Die Tiere sind aus feiner Keramik, und sie zerbrechen ihr immer wieder, und deshalb hat sie schöne neue bekommen.

Wie gesagt, sie weiß nicht, dass sie heute Geburtstag hat, aber im Grunde hatte sie einen schönen Geburtstag, und der war sogar unseren heutigen Geburtstagen etwas ähnlich, oder?

AM SELBEN TAG AM SELBEN ORT

Auch dieses Mädchen heißt Charlotte, aber sie wohnt in dem Dorf, das am Fuße des Schlossbergs liegt. Auch sie ist neun oder zehn Jahre alt, und auch für sie ist heute ein ganz gewöhnlicher Tag.

Aber sie darf das Schloss gar nicht betreten, obwohl ihr Vater es mit eigenen Händen gebaut hat und beim Bau sogar verletzt wurde. Sie und ihre Familie wohnen in einer Hütte aus Holz und Lehm, die nur ein Zimmer hat.

Bei ihr gibt es weder Krapfen noch Pfannkuchen, nur zweimal am Tag Brei, denn das ist alles, was ihre Familie hat. Die meisten Lebensmittel, die sie anbauen, müssen sie den Schlossbewohnern geben, denn sie haben ihre Felder von den Adligen gepachtet, die sie auch beschützen, wenn es nötig ist.

Sie isst kein Fleisch. Dorfbewohner dürfen nicht jagen gehen, das dürfen nur die Adligen.

Sie trägt keine festlichen Kleider; sie hat nur zwei recht einfache, mehr nicht.

Sie kaut nicht vornehm; sie isst schnell, denn sie ist immer hungrig.

Sie trinkt keinen Wein, sondern ein einfaches, dunkles Bier.

Sie isst kein Eis: Davon hat sie noch nie gehört. Im Winter käme sie nie auf die Idee, Eis zu essen, weil es so kalt ist, und im Sommer – wer hat je von Eis im Sommer gehört? Wie soll man das überhaupt aufbewahren, ohne dass es schmilzt?

Sie lässt keine Seifenblasen aus Tonröhrchen aufsteigen. Dazu hat sie keine Zeit, denn sie muss jeden Tag auf dem Feld arbeiten, so wie die ganze Familie.

Sie spielt nicht mit Falken, Jongleuren, Musikanten, Ballons, zerbrechlichen Spielzeugtieren, und sie spielt auch nicht Schach – das alles tut sie nicht. Ab und zu singt sie auf dem Feld ein Lied und

schaut zum Schloss hinauf. Wenn sie nicht arbeiten muss, verbringt sie zusammen mit ihren Freundinnen gerne die Zeit damit, sich gegenseitig die Läuse vom Kopf zu lesen.

Sie schaut auch keinen Ritterkämpfen zu – nur ihrem kleinen Bruder, der einem Stock einen Kopf aus Lumpen aufgesetzt hat, und so tut, als sei sein Steckenpferd ein echtes Pferd.

Sie legt sich nicht im Schlafzimmer in ein bequemes Bett; sie ist nie für sich allein, und als Bett dient ihr das Stroh auf der Erde.

Sie hat keine Schatzkiste; in ihrem Haus gibt es nur einen Tisch und eine Bank.

Aber sie bekommt von dem adligen Mädchen, das eine Runde durchs Dorf macht und Almosen verteilt, eine Münze. Und als sie ihre Hand ausstreckt, schauen sich die beiden in die Augen, und für einen Moment ist beiden klar: In Zukunft müssen sich sehr viele Dinge ändern.

Was passiert in dieser Zeit sonst noch auf der Welt?

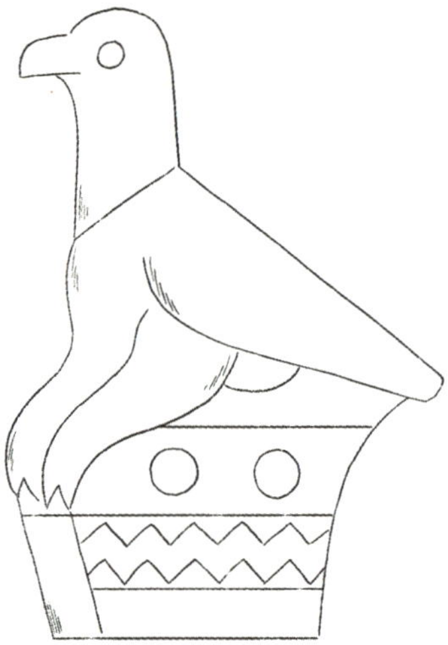

- In Afrika gedeiht eine große Stadt mit starken Mauern: Simbabwe. Sie beherrscht den Handel mit Gold und Edelsteinen, der sogar bis nach Indien und China reicht.
- Die Vorfahren der Bewohner Grönlands, die Inuit, erreichen das zugefrorene Grönland.
- In England, so erzählen die Sagen, beraubt Robin Hood die Reichen und verteilt seine Beute an die armen Leute.
- In Italien beginnt man mit dem Bau des Turms von Pisa, weil er sich aber zur Seite neigt, wird der Bau 200 Jahre dauern.

- Die Magna Charta wird unterzeichnet, eine Urkunde, die zum ersten Mal erklärt, dass ein König nicht einfach machen kann, was er will, sondern seine Untertanen berücksichtigen muss.
- Dschingis Khan zieht aus auf einen Eroberungszug und gründet das Mongolische Reich.
- In Indien wird das Brettspiel »Stricke und Leitern« bzw. »Schlangen und Leitern« erfunden. Im ursprünglichen Spiel steigt man auf Leitern der guten Eigenschaften wie Großzügigkeit und Bescheidenheit auf und rutscht auf bösen Schlangen wie Wut und Besitzgier wieder herunter.

15

Vor etwa
650 Jahren
(um das Jahr 1350)

ADAM

Nacht. Draußen ist es ganz dunkel. Adam liegt mit seinem großen Bruder im gemeinsamen Bett, neben dem der Eltern. Seine Schwester, die erst letzte Woche zur Welt kam, schläft in den Armen seiner Mutter. Wie alle in dieser Zeit schlafen sie in einem Zimmer, ohne Kleider unter einer Decke, und sie tragen nur Schlafmützen, um den Kopf zu wärmen, der rausguckt.

Obwohl es noch mitten in der Nacht ist, werden sie einer nach dem anderen wach, so ist es üblich. Man steht mitten in der Nacht auf, legt im Kamin Holz nach, unterhält sich eine Weile, tut Bohnen in den Topf über dem Kamin für das Essen am nächsten Tag. Und dann schlafen sie weiter bis gegen Morgen. Sie sind nicht zu müde, um mitten in der Nacht aufzustehen, denn sie gehen abends zusammen

schlafen, wenn es dunkel wird. Ohne künstliches Licht gibt es ja nichts zu tun. Deshalb haben sie nach der Hälfte der Nacht schon genug geschlafen und werden von alleine wach.

Adam liegt da und lauscht seinen Eltern. Meist sind die nächtlichen Gespräche schön, man erzählt sich Träume und Gedanken, aber in dieser Nacht sind Vater und Mutter besorgt. Seit einigen Tagen sieht sein Bruder krank aus, und jetzt scheint sich sein Zustand verschlechtert zu haben. Er wälzt sich im Bett und stöhnt. In diesen Tagen geht eine schlimme Seuche in der Stadt um, die Pest. Eine gefährliche Krankheit, die immer mehr Menschen befällt. Mutter sagt, sie habe gehört, die Krankheit komme daher, dass die Planeten Saturn, Jupiter und Mars in diesem Jahr in einer bestimmten Anordnung am Himmel stehen. Gott habe sie geschickt, um die Sünder zu bestrafen. Vater dagegen sagt, er habe gehört, die Juden seien an dieser Krankheit schuld, diese Leute, die in der Stadt wohnen und eine andere Religion und sonderbare Bräuche haben. Er berichtet, jemand habe gesehen, wie die Juden nachts die Brunnen der Stadt vergiftet hätten.

»Aber wie kann das sein«, fragt Adam leise, »sie trinken doch auch aus den Brunnen?«

Vater zuckt mit den Schultern. Der Grund für die Krankheit ist auch nicht so wichtig. Jetzt ist sein Sohn krank. Adam hofft sehr, dass er nicht die furchtbare Pest hat, an der man sogar sterben kann. Viele Menschen in der Stadt haben bereits durch diese Krankheit ihr Leben verloren. Sogar einige Verwandte in der Familie seines Onkels. Er denkt an seine Cousine und hofft, dass sie gesund ist. Sie ist dreizehn, hat schon geheiratet und wohnt bei der Familie ihres Mannes in einer anderen Stadt. Seitdem hat er nichts mehr von ihr gehört, denn es gibt keine Post, und niemand hat ihnen Nachrichten von ihr überbracht.

Sein Bruder windet sich vor Schmerzen. In den letzten Tagen wollte er gar nicht mehr spielen. Sonst spielen sie immer zusammen

mit Murmeln und Kreiseln. »Fünf Steine«, Bockspringen und Blinde Kuh sind Spiele, die man zu dieser Zeit schon kennt, und er spielt sie gerne mit seinem größeren Bruder. Doch in der letzten Woche hat Adam nur mit anderen Kindern gespielt. Die haben ihn die ganze Zeit besiegt, nicht wie sein Bruder, der ihn auch manchmal gewinnen lässt. Wann wird er wieder gesund sein? Adam fürchtet auch, dass er eine Operation braucht. Denn er weiß, dass man den Kranken davor einen starken Schlag auf den Kopf gibt, so dass sie ohnmächtig werden und die Schmerzen nicht spüren.

Adam seufzt. Er steht auf und pinkelt in den Nachttopf. Danach nimmt er den Topf, geht zum Fenster, das auf die Straße hinausgeht, ruft: »Vorsicht, Wasser!«, und schüttet das Pipi aus. Das machen alle so. Er schaut einen Moment nach draußen. Nachts sind die Straßen der Stadt absolut dunkel. Es gibt kein Licht, man kann nichts sehen. Das ist immer so. Warum sollte man die Straßen auch beleuchten? Was hat ein Mensch nachts auf der Straße verloren? Nur wer etwas Böses im Schilde führt und etwas verheimlichen will, läuft um diese Zeit herum. Deshalb gibt es ein Gesetz, dass jeder, der nachts draußen unterwegs ist, eine Kerze oder Fackel bei sich tragen muss, damit man sein Gesicht sieht. Wer das nicht tut, den können die Nachtwächter auf der Stelle töten.

Ein gutes Gesetz, denkt sich Adam, so kann ich beruhigt sein, dass hier niemand im Dunkeln herumschleicht und etwas Böses plant. Aber, was war denn das?! Er schreckt vom Fenster zurück. Was war das für ein Geräusch? Er schaut wieder hinaus. Seine Augen suchen im Dunkel, aber er kann nichts sehen. Wieder hört er das Geräusch.

Da kommt ihm ein Verdacht. Er schaut auf den Tisch im Zimmer: Er hatte recht! Oje! Der Vater hat vergessen, der bösen Fee, die die Neugeborenen raubt, Kekse hinzustellen! Seit seine Schwester geboren wurde, backen sie jeden Tag welche und legen sie draußen vors Haus. Doch diesmal stehen sie noch auf dem Tisch, und Papa hat sich schon wieder hingelegt. Was wird aus seiner kleinen Schwester? Noch ist sie nicht getauft, und die Leute glauben, dass die böse Fee vor allem ungetaufte Kinder raubt. Die Mutter stillt die Kleine und kann ihm jetzt nicht helfen. Adam betastet besorgt seine Haare. Denn wenn man morgens mit Knoten in den Haaren aufwacht, ist es ein Zeichen, dass die Fee dein Haus nachts besucht und sie verknotet hat. Noch hat er keine Knoten. Adam muss sofort hinausgehen und sie mit den Keksen besänftigen. Nur er kann jetzt seine Familie retten.

Er spricht ein Stoßgebet, damit Gott ihm beisteht. Dann zieht er sich schnell an. Die Kerze, die neben dem Bett brennt, wirft furchterregende Schatten auf die Wand. Er zögert einen Moment, nimmt sie aber dann, damit sie ihm den Weg leuchtet. Seine Hand zittert etwas, fast lässt er die Kerze fallen, aber er bekommt sie gerade noch zu fassen. Nur sein Daumen berührt die Flamme kurz. Au, tut das weh! Aber es ist nicht so schlimm. Zu seiner Zeit verwendet man überall offenes Feuer, und jedes Kind hat sich schon ein paarmal verbrannt. Er wartet, bis der Schmerz nachlässt, und geht leise hinaus, damit die Mutter, die mit der kleinen Schwester im Arm eingeschlafen ist, nicht aufwacht.

Draußen schlägt ihm der schlechte Geruch der Straße ins Gesicht. Der Ge-

stank von ausgeschütteten Nachttöpfen und vergammelten Essensresten. Adam geht in die Dunkelheit hinein. Er schaudert. Er ist nur einmal im Jahr nach Einbruch der Dunkelheit draußen, in der Nacht, in der man um die Lagerfeuer tanzt. Dann ist die Nacht von vielen Feuern erhellt. Aber jetzt ist es dunkel, und das Licht seiner kleinen Kerze leuchtet ihm kaum den Weg.

Der Teller mit den Keksen wackelt in seiner Hand. Er muss ihn auf die andere Seite des Hauses bringen. Besonders unheimlich ist ihm das Nachbarhaus, in dem die alte Frau wohnt, von der alle sagen, sie sei eine Hexe. Adam glaubt das nicht wirklich. Manchmal denkt er, dass die Leute einfach gemein zu ihr sind. Aber in dieser Nacht fürchtet er sich trotzdem. Zum Glück weiß er, dass er keiner gefährlichen schwarzen Katze begegnen wird. Bis vor einem Jahr waren viele Katzen um das Haus der Alten herumgestrichen, weil die sie gefüttert hatte. Adam hatte gedacht, sie tue das, weil sie einsam sei, aber die meisten Leute behaupteten, Katzen würden Hexen helfen. Sie glauben, die Katzen brächten das Böse in die Welt. Deshalb hatte man in Adams Stadt fast alle Katzen umgebracht.

Plötzlich rennt etwas zwischen seinen Beinen hindurch. Adam erschrickt. Eine Katze gibt es hier also immer noch. Sie verschwindet im Dunkel. Er weiß nicht, dass diese Katze eine der Ratten jagt, die die Bakterien der Pest, an der alle erkranken, übertragen! Dank dieser Katze wird die Ratte nicht in Adams Haus gelangen. Auf dem Fell der Ratten sitzen nämlich winzige Flöhe mit den Bakterien der Seuche. Aber die werden seine Familie nicht beißen und die Bakterien nicht auf sie übertragen. Vielleicht wäre die Pest weniger ansteckend gewesen, hätte es in der Stadt noch Katzen gegeben.

Endlich kommt Adam an die richtige Stelle, stellt die Kekse hin und läuft schnell zurück. Er ist wieder zu Hause! Da ist es wärmer, und statt des Gestanks, steigt der Geruch von Essen aus dem Topf auf.

Alle schlafen, und er freut sich, im Kerzenlicht zu sehen, dass das Neugeborene in Mutters Armen friedlich schläft und auch sein großer Bruder nicht mehr so sehr stöhnt. Er krabbelt zu ihnen unter die Decke und betastet wieder seine Haare. Woher kommen denn jetzt diese Knoten? Egal, er ist jetzt sehr müde, Hauptsache, sie sind alle wohlbehalten zusammen.

Was passiert in dieser Zeit sonst noch auf der Welt?

- Die Seuche der Pest, die drei Jahre vor diesem Kapitel begann, verbreitet sich in viele Länder, und mindestens ein Viertel der Bevölkerung Europas stirbt daran. Sie dauert fünf Jahre lang.

- In dieser Zeit baut man Gebäude in gotischem Stil, sehr hoch und mit spitzen Bögen, zum Beispiel die Kathedrale Notre-Dame in Paris. Dieser Stil möchte die Ehrfurcht vor Gott wecken, und die farbigen Kirchenfenster verbreiten ein besonderes Licht.

- Der Hundertjährige Krieg zwischen England und Frankreich beginnt. Er wird in hundert Jahren enden, dank eines jungen Mädchens: der siebzehnjährigen Französin Jeanne d'Arc.

- Dort, wo in Zukunft die Stadt New York sein wird, ist jetzt noch Natur, wo die Völker der Delawaren leben, zu denen drei Stämme gehörten: der Stamm des Wolfes, der Stamm der Schildkröte und des Truthahns.

- Zum ersten Mal werden in Europa Kanonen hergestellt. Sie zielen nicht genau, dienen aber dazu, die Mauern von Schlössern und von befestigten Städten niederzureißen.

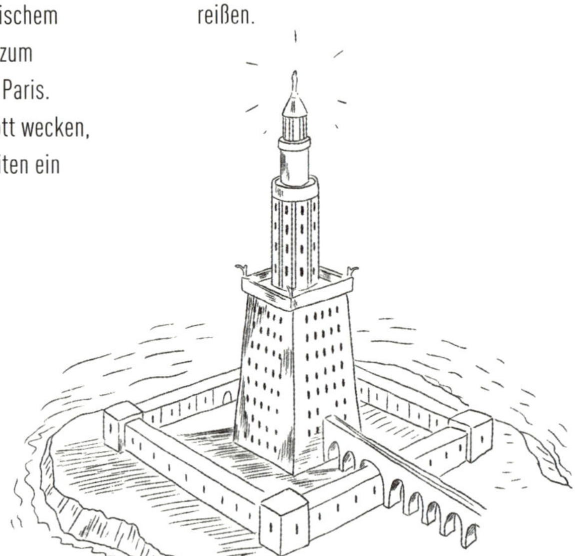

- In Ägypten wird bei einem Erdbeben der Leuchtturm von Alexandria, eines der sieben Weltwunder der Antike, zerstört.

16

Vor etwa
550 Jahren
(im Jahr 1491)

Ein kleines Dorf
im Reich der Inka,
Südamerika

KILASSISSA

Schau mal, was das Mädchen Kilassissa da macht. Sie isst eine gegrillte Kartoffel, die sie in Tomatensoße tunkt, leckt Erdnussbutter und kaut eine Handvoll Popcorn. Lauter Dinge, die Kinder lecker finden, die man aber nur zubereiten kann, wenn man Kartoffeln, Tomaten, Erdnüsse und Maiskörner hat.

Ein Glück, dass all das auf ihrem Teil der Erde wächst. Denn in anderen Erdteilen hat man davon noch nicht einmal gehört. Ob sie sich vorstellen kann, dass Kinder auf der ganzen Welt sie darum beneiden würden? Vermutlich nicht. Ihr Kontinent ist so weit weg von den anderen. Ihre Vorfahren haben diesen Erdteil vor langer Zeit erreicht – vielleicht sind sie vor 25 000 Jahren auf Booten übers Meer hierhergekommen. Und vielleicht auch vor 14 000 Jahren zu Fuß, als

es noch eine schmale Landbrücke aus Eis gab, die Asien und Amerika miteinander verband. Wie dem auch sei, seitdem ist das Eis in den Ozeanen geschmolzen und die Verbindung zwischen den Erdteilen ging verloren. Deshalb wissen die Menschen auf der restlichen Welt nicht, dass es einen Kontinent mit so leckeren Sachen überhaupt gibt. Wenn sie das gewusst hätten, hätten sie vielleicht schon früher versucht, nach Amerika zu gelangen. Aber erst im nächsten Jahr werden Menschen aus Spanien aufbrechen und es wird ihnen tatsächlich gelingen, mit dem Schiff Amerika zu erreichen. Dann werden Kilassissa und die Leute ihres Volkes die europäischen Menschen kennenlernen, und die Europäer werden sie kennenlernen.

Leider wird es für die Leute aus Kilassissas Volk überhaupt keine angenehme Begegnung werden ... Aber im Moment sind die Europäer noch in Europa, und Kilassissa sitzt in aller Ruhe da und kaut Popcorn. Ihre Großmutter, die schon keine Zähne mehr hat, um richtig zu kauen, hat Kilassissa auch ihre Portion Popcorn abgegeben, aber Kilassissa ist schon satt. Da hat die Großmutter eine schöne Idee: Aus den Resten des Popcorns macht sie eine Kette und legt sie Kilassissa um den Hals. Wie eine Kette aus kleinen weißen Blumen! Kilassissa mag schönen, zarten Schmuck vielleicht wegen ihres Namens. Der bedeutet: Blume des Monds.

Sie geht hinaus und zeigt ihrem Cousin die Kette; auch er mag Schmuck gern. Bei ihnen ist es üblich, dass sich Jungs sogar noch mehr schmücken als Mädchen. Am liebsten würde der Cousin schwere Ohrringe tragen, damit seine Ohrläppchen immer länger und richtig schön werden. Wie gerne würde er Ohrringe aus Sonnenschweiß tragen – so nennt man bei ihnen Gold. Aber leider dürfen nur Kinder aus adligen Familien Ohrringe tragen. Er hat einmal in der Nachbarstadt Kinder der Adligen gesehen: Wenn sie zwanzig Jahre alt sind, reichen ihre Ohrläppchen fast bis zu den Schultern. Schade, dass er sich mit seinen Ohrläppchen abfinden muss. Er fängt an, auch für sich so eine Kette zu machen. Aber noch bevor er das

Popcorn auffädeln kann, kommt ein Junge aus dem Nachbardorf angerannt: »Schnell!«, ruft er schnaufend, »wir müssen die monatliche Nachricht des Aufsehers über die Dörfer zum großen Aufseher in der Stadt bringen! Hör zu, wie die Nachricht lautet: Im letzten Monat wurden in den umliegenden Dörfern 11 Lamas, 15 Alpakas, 27 Meerschweinchen, 30 Enten und 5 Hunde geboren. Das ist der Ertrag dieses Monats.«

Einmal im Monat muss man der Regierung melden, wie viele Tiere, Nahrung und Besitz es an jedem Ort gibt. Bei den Inkas achtet man immer auf Ordnung und Übersicht, und der Staat muss alle Einzelheiten wissen. Um die Nachrichten zu übermitteln, gibt es in jedem Dorf Läufer. Jeder Läufer gibt die Information dem Läufer im nächsten Dorf weiter, und der rennt damit zum nächsten Dorf. So lange, bis der Letzte sie dem Aufseher über die Dörfer überbringt, und der überbringt sie dem großen Aufseher in der Stadt. Der Cousin hat von klein auf gelernt, Läufer zu sein, und weiß, dass er sofort loslaufen muss, wenn er eine Nachricht bekommt.

Aber wie merkt man sich all diese Zahlen? In ihrer Gegend hat man zwar noch keine Zeichenschrift auf Papier oder Lehmtafeln erfunden, aber der andere Junge gibt ihm ein »Quipu«. Das ist ein dickes Seil, an dem viele kleine Schnüre in verschiedenen Farben hängen, die an verschiedenen Stellen Knoten haben. Die Knoten bezeichnen verschiedene Zahlen, und wer ein Quipu entziffern kann, weiß, wie viele Lamas, wie viele Alpakas, wie viele Meerschweinchen und so weiter geboren wurden.

Der Cousin nimmt dem anderen Jungen das Quipu ab und will gerade loslaufen, als der andere Läufer ihn aufhält: »Warte, die Nachricht geht noch weiter: Der Aufseher über die Dörfer teilt außerdem mit, dass unter den vielen Kartoffelsäcken, die letzte Woche abgegeben wurden, ein halber Sack Kartoffeln fehlt. Vermutlich hat ihn jemand aus eurem Dorf gestohlen. Das berichtet dieser Knoten hier.«

Der Cousin schaut Kilassissa besorgt an. Doch im nächsten Moment rennt er schon los. Er darf keinen Moment verweilen, sondern muss so schnell er kann in die Stadt laufen. Dafür haben die Leute aus seinem Volk gute Straßen und sogar eine Seilbrücke über den Abgrund zwischen den Bergen gebaut.

Kilassissa bleibt verängstigt zurück. In ihrem Land bekommt man für jede Übertretung eine furchtbare Strafe. Wer zum Beispiel etwas gestohlen hat, dem hacken sie die Hände ab. Deshalb geht es bei ihnen so geordnet zu, und es gibt fast gar keinen Diebstahl. Der Aufseher ist sehr streng, er bemerkt sofort, wenn etwas fehlt, und hat kein Erbarmen. Kilassissa weiß das, aber sie hat nicht gedacht, dass es so schlimm ist, wenn sie der Großmutter jedes Mal etwas mehr Kartoffeln aus dem Sack gibt. Denn die kann doch kaum noch Erdnüsse und Mais kauen. Und wenn sie keine doppelte Portion Kartoffeln bekommt, wird sie nicht satt.

Jetzt erstarrt Kilassissa und weiß nicht, was sie tun soll. Ihre Mutter drängt sie, zur Feldarbeit mitzukommen. Sie müssen Kartoffeln und Paprika anbauen und das meiste dem Aufseher geben, der es an die Adligen und die Priester des Landes verteilt. Im Gegenzug bekommen sie von ihm Essen, das genau für eine Familie ausreicht.

Kilassissa muss mit hinaus aufs Feld. Sie geht zusammen mit Vater, Mutter und

ihrem Bruder, der noch ein Baby ist, und allen anderen Familien, die im Dorf leben. Aber ihre Beine sind schwer und gehorchen ihr kaum.

Auf dem Feld legt sie ihren kleinen Bruder in eine Art Grube, die sie schon vor einer Weile gegraben haben und die ihm als Laufstall dient. Dort wird er spielen, solange sie arbeiten. Die Arbeit auf dem Feld ist schwer. Bevor sie Kuhlen in die Erde graben, um darin Paprikasamen zu säen, pflügt ihr Vater das Feld mit einem Pflug aus einer Stange, auf die er sich mit dem Fuß aufstützt und die er hinter sich herzieht. Währenddessen hockt Kilassissa auf einer höher gelegenen Terrasse des Feldes und liest die letzten Kartoffeln dieses Jahres auf. Sie gräbt sie mit der Hand aus, dabei würde sie sich viel lieber so lange unter der Erde verstecken, bis alle vergessen hätten, was sie getan hat.

Kann sie vielleicht fliehen? Aber nein, einfache Menschen wie sie dürfen nicht einfach so die Straßen außerhalb des Dorfes benutzen. Dazu braucht man die Erlaubnis des Aufsehers. Ihr Cousin darf nur wegen seiner Aufgabe hinaus auf die Straßen, und sie beneidet ihn darum. Sie kann nur noch an diesen Blick denken, den er ihr zuwarf,

als er die Nachricht hörte. Hat er die Nachricht von dem Diebstahl schon überbracht?

Sie bleibt bei ihrer Mutter. Nicht weit von ihr glitzern zwischen einigen Halmen Spinnweben in der Sonne. Sie weiß, man kann aus Spinnweben die Zukunft lesen, aber das hat sie noch nicht gelernt, und obwohl sie die Spinnweben lange anschaut, verraten sie ihr nichts.

Ihr kleiner Bruder hat genug mit seinen Steinen und Stöcken gespielt und weint. Sie geht zu ihm, und um ihm eine Freude und sich selbst Mut zu machen, erfindet sie ein Spielzeug für ihn: Sie schneidet von einer Kartoffel ein paar kleine runde Scheiben und spießt sie auf einen Stock. Der Kleine rollt diese Räder hin und her und freut sich. Da löst sich ein Rad und rollt den Hang hinunter. Der Kleine jubelt, und Kilassissas Gedanken wandern. Wenn sie größere Räder herstellen könnte, könnte sie schnell fliehen, und niemand könnte sie einholen. Doch selbst wenn sie ein großes Rad bauen würde, würde es ihr nicht helfen. Sie könnte damit zwar diesen Abhang hinunterrollen, aber wie käme sie auf den nächsten Berg wieder hinauf? Was

nutzt ein Rad ohne jemanden, der es zieht oder schiebt? Alpakas und Lamas sind nicht dazu geeignet, sie auf die steilen Berge hinaufzutragen, und Pferde oder Stiere gibt es auf ihrem Kontinent nicht. Deshalb gibt es hier keine Wagen mit Rädern, vor die Tiere gespannt werden, um schnell große Entfernungen zurückzulegen, so wie an anderen Orten.

Noch ein Kartoffelrädchen fällt ab, und der Kleine weint. Kilassissa streckt die Hand aus, um das Spielzeug zu reparieren, da geht ihr ein schrecklicher Gedanke durch den Kopf: Wird sie morgen noch zwei Hände haben?

Kilassissa weiß nicht, wie sie es schafft, weiterzuarbeiten. Ihre Hände arbeiten wie von selbst, aber sie schaut sie unentwegt an und denkt mit Schrecken daran, was ihr bevorsteht. Viel später sieht sie ihren Cousin in der Ferne. Sie läuft ihm entgegen. »Was richtet der große Aufseher in der Stadt dem Aufseher über die Dörfer aus?«, fragt sie mit zitternder Stimme.

Ihr Cousin lächelt. »Der große Aufseher in der Stadt richtet dem Aufseher über die Dörfer Folgendes aus: Wenn ein Mädchen eine Kartoffel zum Essen stiehlt, ist das wohl ein Zeichen, dass jemand in ihrer Familie sehr hungrig ist. Deshalb wird der Aufseher über die Dörfer dafür bestraft, dass er nicht nachgeforscht und dafür gesorgt hat, dass die Familie die Portion bekommt, die sie tatsächlich braucht. Aber ich muss weiter und dem nächsten Läufer diese Antwort überbringen.« Und schon ist er wieder weg.

Kilassissa weint fast vor Erleichterung. Ihre Hände zittern. Sie schaut sie an: Gerettet! Die Mutter ruft sie, für heute ist die Arbeit beendet. Kilassissa rennt beinahe zur Großmutter. Und die kommt ihnen schon entgegen und legt ihr einen neuen Schal aus Alpakawolle um, den sie für ihre Enkelin gemacht hat. Kilassissa umarmt die Großmutter fest. Arm in Arm gehen sie nach Hause, und Kilassissa streichelt den weichen Schal auf ihren Armen. Jetzt ist sie gut eingehüllt und geschützt.

GIOVANNI

Zur selben Zeit in einer norditalienischen Stadt

Giovanni schmirgelt ärgerlich eine Holztafel. Was für eine schwere und langweilige Arbeit! Vielleicht hatten seine Eltern ja doch recht, dass die Malerei kein Handwerk für ihn ist.

Schon als kleiner Junge hatte er, wenn er mit seinen Eltern in der Stadt die vielen neuen Statuen und die herrlichen Bilder und Verzierungen an den Gebäuden sah, die die Stadt immer schöner machten, zu seinem Vater gesagt: »Ich möchte Maler werden! Oder Bildhauer!« Und sein Vater hatte ihn geschimpft: »Gehst auch du jetzt mit dieser neuen Mode? Als ich Kind war, waren Maler oder Bildhauer keine angesehenen Berufe. Das ist ein schmutziges und mühsames Handwerk!«

»Aber heute ist das ganz anders«, hatte Giovanni ihn angefleht.

»Quatsch! Diese Mode der Malerei und der Schönheit ist bestimmt bald vorbei. Es ist keine gute Idee, Maler zu werden. Du kommst aus einer angesehenen Familie, du musst nicht mit den Händen arbeiten wie die einfachen Leute. Du wirst erst mal Notar, so wie ich. Ich bringe dir bei, Urkunden zu prüfen. Wenn du danach noch etwas anderes lernen willst, bitte schön. Wir haben beinah dreißig Bücher zu Hause, die kannst du lesen und viel daraus lernen! Dieses Glück hatte ich nicht, als ich klein war. Da war der Buchdruck noch nicht erfunden.«

Giovanni hatte ein bisschen gelesen, aber das überzeugte ihn nicht. Er fand seine Eltern altmodisch. Sie verstanden den neuen Geist der Zeit nicht, wo viele Erwachsene und auch Kinder wie Giovanni spürten, dass man die Welt schöner machen sollte und dass Schönheit etwas Wichtiges war und nichts Schlechtes.

Giovanni zeichnete bald bei jeder Gelegenheit. Er nahm die Gänsefeder, mit der sein Vater schrieb, tauchte sie ins Tintenfass und zeichnete damit, denn Kugelschreiber oder Filzstifte waren noch nicht erfunden. Da sein Vater ihm nicht erlaubte, Papier zu verschwenden, zeichnete er auf Holztafeln oder auf Pergament, natürlich auf beide Seiten, und manchmal auch in Schichten übereinander, um das kostbare Material zu sparen.

Ab und zu malte er auch seine ältere Schwester. Das war für ihn eine Gelegenheit, so zu malen, wie man es in seiner Zeit versuchte: So nah wie möglich an der Wirklichkeit, aber eben noch schöner. Er beobachtete Biancas Wangenknochen lange, auch wie der Schatten auf ihr Gesicht fiel, und die Falten, die sich bildeten, wenn sie lächelte, und versuchte, das genau so festzuhalten.

Auch Bianca zeichnete gut, aber sie hatte nicht vor, Malerin oder Künstlerin zu werden oder überhaupt irgendeinen Beruf zu ergreifen. Zu dieser Zeit fragten sich die meisten Mädchen nicht, was sie mal werden wollten, wenn sie groß sind. Den meisten war klar, dass sie keinen Beruf erlernen würden – sie könnten zwar angesehene gebildete Nonnen werden, aber wenn sie heirateten und eine Familie

gründeten, würden sie sich um Haus und Kinder kümmern. Wozu sollten sie dann von mehr träumen? Das ist schade, denn Bianca wäre vielleicht eine berühmte Malerin geworden, wenn man sie dazu ermutigt hätte. Aber ihr erschien es ganz normal, dass nur Giovanni Maler wurde.

Sobald das Bild fertig war, rannte sie zu ihren Eltern, zeigte ihnen, wie schön es war, und flehte sie an: »Ihr müsst ihm erlauben, Maler zu werden!«

Wenn jemand Maler werden wollte, schloss er sich einem großen Künstler an, lebte bei ihm und wurde sein Lehrling. Und genau das macht Giovanni jetzt: Er ist der Helfer eines begnadeten Malers. Aber leider malt er kaum interessante Sachen. Den ganzen Tag muss er Holztafeln schmirgeln, auf die man malt. Er darf höchstens mal ein Holzkästchen bemalen oder ein Wappen für reiche Familien entwerfen. Gerne würde er interessante, große Bilder malen; Bilder auf Kirchenwände, Hauswände oder sogar Statuen meißeln, so wie der große Maler, bei dem er lernt. Reiche Familien bestellen bei diesem Maler Bilder.

Wann wird Giovanni die Möglichkeit bekommen, mal etwas Ernsthaftes zu malen?

Giovanni findet, dass diese Holztafel jetzt genug geschmirgelt ist, und zeigt sie dem Maler. Aber der ist ganz in seine Arbeit versunken. Giovanni schaut ihm zu. Er weiß, er darf das, denn er ist ja hier, um zu lernen. Der Maler wendet eine neue Technik an, die in dieser Zeit gerade erst erfunden wurde: Zum ersten Mal zeichnet er einen Krug so, dass er aussieht, als stünde er in einem Raum, indem er das, was weiter entfernt ist, kleiner und verschwommener malt.

Giovanni staunt und will es bei der nächsten Gelegenheit ausprobieren. Doch da bemerkt er etwas, was ihm Sorge macht. Der Maler malt mit der linken Hand! Giovanni schreckt zurück. Jeder weiß, dass Linkshänder mit dem Teufel im Bunde sind! Warum hat er das nicht schon vorher gemerkt? Was soll er jetzt tun?

Der Maler legt den Pinsel beiseite. Er sieht das Entsetzen in Giovannis Augen und versteht sofort, warum. Er lächelt ihn freundlich an und sagt: »Weißt du, dieser Aberglaube gehört zur Vergangenheit. Glaub nicht alle Gerüchte, die die Leute verbreiten. Betrachte die Wirklichkeit und vertrau auf das, was du selbst verstehst!« Er steht auf und tritt ans Fenster. Giovanni zögert, folgt ihm dann aber. Sie schauen zusammen in den Himmel. »Das ist der neue Weg in unserer Zeit«, erklärt der Maler, »selbst nachzuforschen und zu prüfen, was logisch ist. Ich habe zum Beispiel vom Freund eines Freundes gehört, der begonnen hat, die Sterne zu erforschen. Er meint, er habe entdeckt, dass nicht die Sonne sich bewegt, dass sich vielmehr die Erde um die Sonne dreht. Hättest du das gedacht? Er wird es noch weiter beobachten und dann allen davon erzählen.«

»Die Sonne bewegt sich nicht? Die Erde dreht sich um die Sonne?« Die neuen Dinge, die Giovanni gerade hört, verstören ihn. Kann er diesem Maler trauen, der mit der linken Hand malt und so aufwühlende Sachen sagt? Aber wenn man darüber nachdenkt, könnte es ja vielleicht stimmen.

Der Maler betrachtet den nachdenklichen Giovanni. Da läuten die Kirchenglocken zum Mittag, und plötzlich sagt der Maler: »Weißt du was, Giovanni, geh in die Kammer, leg deinen schmutzigen Kittel ab und zieh dir etwas Schönes an. Und dann begleitest du mich gleich zu einem Besuch wegen eines neuen Gemäldes. Du darfst mir helfen, es zu malen. Ich überlasse dir ein paar Kleinigkeiten auf dem Bild.«

Giovannis Herz setzt einen Schlag lang aus. Im Nu sind seine Zweifel verflogen. Ja, er wird bei diesem Maler bleiben. Er läuft nach nebenan, zieht sein feines Hemd an und legt sich einen riesigen gefältelten Kragen an. Für dich sieht das vielleicht wie eine lächerliche Verkleidung aus, aber wenn man zu Giovannis Zeit das Wort »cool« verwendet hätte, hätte Giovanni vermutlich gesagt: »Je größer der Kragen, desto cooler.«

Etwas scheu betritt er zusammen mit dem Maler das Haus eines reichen Tuchhändlers, der das Gemälde in Auftrag geben möchte. Der Händler lädt sie zum Essen ein. Dabei will er ihnen erklären, was für ein Bild er möchte. Auf dem Tisch liegt neben den Tellern eine neue Erfindung, die Giovanni sehr merkwürdig erscheint: Er nimmt an, dass es sich dabei um eine »Gabel« handelt! Von seinen Eltern hat er schon gehört, dass angesehene Familien der Stadt neuerdings dieses Gerät benutzen, um Essen aufzuspießen. Doch seine Mutter hält es für eine lächerliche moderne Spinnerei und zudem auch für ziemlich gefährlich.

Giovanni nimmt die Gabel vorsichtig in die Hand und versucht dabei, dem Gastgeber gut zuzuhören: Dieser möchte ein Gemälde

von seiner Frau. Ja, zu dieser Zeit denken die Leute, die Kunst sei nicht nur dazu da, die Geschichten von Heiligen oder wundersame alte Erzählungen darzustellen, sondern im ganz privaten Leben, um Ausschnitte aus der Wirklichkeit für die Ewigkeit festzuhalten. Schön und gut, denkt sich Giovanni, aber er ist doch ein bisschen enttäuscht. Er hatte gehofft, dass der Betrachter auf diesem Bild auch etwas Interessantes zu sehen bekäme, vielleicht galoppierende Pferde oder fliegende Engel. Aber der Mann will, dass man auf dem Bild nur seine Frau sieht, wie sie einfach so dasitzt und geradeaus schaut. Wie interessant kann eine sitzende Frau sein? Und zudem noch diese Frau, Frau Lisa, die hier etwas gelangweilt mit ihnen am Tisch sitzt?

Giovanni schaut sie an, er versucht, sie anzulächeln. Frau Lisa erwidert seinen Blick, und für einen Moment scheint es so, als lächle sie, aber er ist sich nicht sicher, ob das ein richtiges Lächeln ist. Wie soll man so jemanden wie sie malen?

Der Maler und Giovanni schauen sich an. Vielleicht wird es ja doch ein ganz interessantes Bild.

Was passiert in dieser Zeit sonst noch auf der Welt?

Kolumbus erreicht von Spanien aus Amerika, und nach ihm segeln viele Europäer dorthin. Sie bekämpfen die Ureinwohner, verdrängen sie, reißen die Herrschaft über den Kontinent an sich und zerstören seine Kulturen. Auch stecken sie die einheimische Bevölkerung Amerikas mit Bakterien an, die deren Körper nicht kennen, so dass viele krank werden und sterben.

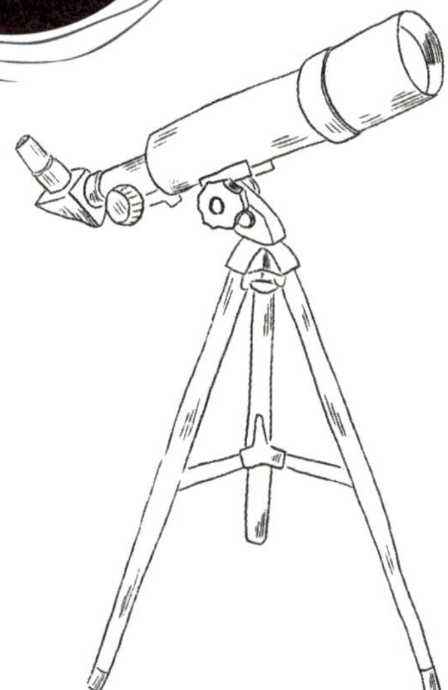

Der deutsche Mönch Martin Luther fordert einen grundsätzlichen Wandel in der christlichen Welt und begründet den Protestantismus, eine neue Konfession im Christentum (heute sind mehr als ein Drittel der Christen Protestanten).

In Europa beginnt die wissenschaftliche Revolution – eine Zeit mit vielen neuen Entdeckungen und Erfindungen im Bereich der Astronomie, Physik, Biologie, Medizin und Chemie. Zum Beispiel beginnt man zu verstehen, was Strom, Schwerkraft und Bakterien sind und wie der Blutkreislauf funktioniert. Das erste Fieberthermometer, das Teleskop, die Pendeluhr und sogar eine Rechenmaschine werden entwickelt.

Etwa 70 Jahre später wird Elisabeth die Erste Königin von England; es ist das goldene Zeitalter der englischen Geschichte.

Etwa 100 Jahre nach diesem Kapitel schreibt der berühmte englische Theaterdichter William Shakespeare seine Werke.

MARIE

17

Vor etwa
350 Jahren
(um das Jahr 1700)

Marie nimmt ihren kleinen Hund Petit auf den Arm und steigt aus der Kutsche, die soeben im Hof des prächtigen Herrenhauses von ihrem Onkel vorgefahren ist. Sie schreitet hinter ihrem Vater her, bei jedem Schritt rascheln ihre Röcke, und der mit Goldfäden bestickte Unterrock schaut ein bisschen hervor. Ein Schritt – ein Rascheln, ein Schritt – ein Rascheln.

Dieses Geräusch geht ihr auf die Nerven, dabei ist sie sowieso schon nervös. Heute Abend muss sie in diesem prächtigen Haus am Ball teilnehmen und zum ersten Mal einen Tanz exakt in der Schrittfolge tanzen, die ihr beigebracht wurde. Er heißt »Menuett«. Man steht sich dabei paarweise gegenüber und bewegt sich mit sehr langsamen Schritten. Schon beim Gedanken an diesen langweiligen Tanz wird

Marie verrückt. Sie würde ja gern tanzen, wenn sie sich dabei frei bewegen dürfte. Aber in ihrer Zeit tanzt man nicht so, wie man mag.

Sie streichelt ihr Hündchen, das beruhigt sie etwas. Risch-rasch, risch-rasch raschelt der Rock. Wie gern hätte sie diesen Rock ausgezogen und sich mit einem einfachen Rock begnügt. Vielleicht sogar mit Hosen. Doch das kann sie sich gar nicht vorstellen, denn sie hat noch nie eine Frau gesehen, die Hosen trägt. So etwas gibt es nicht in ihrem Land, und vielleicht auch auf dem ganzen Kontinent nicht. Sie weiß, sie muss sich kleiden wie alle vornehmen Mädchen, also einen Rock über dem anderen. Risch-rasch, risch-rasch. Ein Diener trägt ihre Sachen die Treppen hinauf. Darin sind auch die Kleider, die sie heute Abend auf dem Ball tragen werden. Marie blickt sich um: Ja, er hat ihr Ballkleid dabei, das von einem starren Reifrock gehalten wird. Es ist unten so weit, dass sie damit kaum durch eine Tür kommt. Schade, dass er es nicht vergessen hat.

Während ihr Vater mit Leichtigkeit vorausgeht, folgt sie ihm nur zögerlich. Um sich Mut zu machen, denkt sie, dass sie immer noch besser dran ist als er, denn er muss rote Schuhe mit hohen Absätzen und sogar eine große weiße Perücke tragen, das ist die Mode dieser Zeit. Aber er sieht nicht aus, als ob er darunter leidet, wie viele andere Männer es tun. Er putzt sich gerne so heraus und spielt dauernd mit den schönen Bändern, die seine Kleider schmücken und seine Perücke festhalten.

Sie fragt sich, ob sich auch ihre Mutter gerne feingemacht hat. Maries Mutter ist gestorben, als sie noch klein war, und Marie kann sich kaum an sie erinnern. Es gibt noch nicht einmal ein Foto von ihr, weil das Fotografieren noch nicht erfunden ist. Und auf dem einzigen Gemälde von ihrer Mutter, das bei ihnen zu Hause hängt, trägt sie ein prächtiges blaues, sehr enges Kleid. Bestimmt hat auch ihre Mutter in ihren Kleidern gelitten. Wäre sie hier, würde sie Marie verstehen und ihr etwas Aufmunterndes zuflüstern und sie vielleicht sogar heute Abend diesen Ball schwänzen lassen.

Aber da erscheinen schon Onkel Pierre und Tante Françoise, und Marie und ihr Vater verbeugen sich höflich und bedanken sich für die Einladung zum Ball. Tante Françoise hat ihren kleinen Sohn Nicolas dabei, der wie alle kleinen Kinder ein Kleidchen trägt.

Nicolas freut sich, seine Cousine zu sehen, und zieht sie gleich in ein Zimmer, um ihr sein neuestes Spielzeug zu zeigen – ein Schaukelpferd. So etwas hat Marie noch nie gesehen. Nicolas wippt fröhlich darauf. Marie versucht auch, etwas zu schaukeln, obwohl sie schon viel zu groß dafür ist. Trotzdem fühlt es sich toll an! Am liebsten würde sie wild davongaloppieren wie auf einem echten Pferd.

Dann geht sie zu Nicolas' Bücherbord. In ihrer Zeit werden endlich immer mehr Bücher für Kinder gedruckt. Bis dahin lasen Kinder, die lesen wollten, hauptsächlich die Bücher der Erwachsenen, denn etwas anderes gab es nicht. Marie hat zum Beispiel schon »Robinson Crusoe« gelesen, einen Roman, der vor kurzem erschien. Aber vielleicht wäre ein Kinderbuch für sie noch interessanter? Marie schaut, was für Bücher Nicolas hat. Es sind vor allem Bücher, die den Kindern in Reimen erklären, wie man sich gut benimmt. Was für eine Enttäuschung! Trotzdem liest sie ihm ein Buch vor, bis die Erwachsenen die Kinder zu einem Spaziergang durch den großen Garten des Herrenhauses rufen.

Marie nimmt Petit an die Leine, und auch die Tante bindet Nicolas einen langen Gurt für kleine Kinder um, damit sie nicht zu weit weglaufen. Allen ist klar, es wird nur ein kurzer Spaziergang, denn die Sonne scheint, und die Erwachsenen wollen keine Farbe bekommen. In ihrer Zeit gilt blasse Haut als schön und edel. Sonnengebräunt sind nur die einfachen Leute, die draußen arbeiten müssen.

Wie viele in ihrer Zeit, glauben die Leute in Maries Familie, es sei wichtig, den Unterschied zwischen reichen Adeligen und einfachen armen Leuten hervorzuheben. Sollte Marie aus Versehen etwas Farbe bekommen, würden sie ihr Gesicht in den kommenden Tagen mit weißem Puder schminken, um die Bräune zu verbergen. Marie hasst diesen Puder und hofft insgeheim, dass irgendwann der Unterschied zwischen Adligen und den anderen nicht mehr so wichtig sein wird. Am Ende des Kapitels werden wir hören, dass die Menschen in ihrem Land aufstehen und diese Gleichheit verlangen werden. Daraus wird die Französische Revolution. Aber das weiß Marie nicht.

Der Garten des Onkels gilt als besonders schön, weil nichts in ihm wildgewachsen und natürlich ist: Den Gärtnern ist es gelungen, die Natur zu beherrschen, die Bäume zu perfekt runden Kugeln zu stutzen, Rasenflächen so gerade zu pflanzen, als seien sie mit dem Lineal gezogen und aus den Hecken allerlei Formen zu schneiden.

Onkel Pierre und Vater spazieren langsam auf dem geraden Weg. Petit muss an jedem Busch schnüffeln und rennt dann weiter zum nächsten. Als Marie stehen bleibt und sich einen Springbrunnen anschaut, fällt ihr die Leine aus der Hand, und Petit läuft weg! Marie vergisst alles und rennt hinterher, aber er ist im Nu hinter einer Reihe von Bäumen verschwunden. »Petit, komm sofort zurück!«, ruft sie ihm nach. Wohin ist er gelaufen? Sie schnauft, ihre Frisur ist zerzaust, sie sucht in verschiedenen Richtungen, und plötzlich ist sie ganz allein. Ihr Herz klopft vom Rennen und vor Sorge.

Sie hört ein Rascheln. Petit? Was ist ihm passiert? Ist er verlorengegangen? Sie schaut die Bäume an, und da stellt sie sich vor: Was würde passieren, wenn diese plötzlich anfingen, wild in alle Richtungen zu wachsen, ohne dass man sie zurechtschneiden würde? Dann könnte sie hier in einem wilden, dunklen Wald herumlaufen, genau wie in dem Märchen, das vor kurzem herausgekommen ist. Es erzählt davon, wie sehr man sich hüten muss, in die wilde Natur zu gehen. Es ist das Märchen von einem Wald, in dem ein böser Wolf lebt, und von einem Mädchen, das Rotkäppchen heißt.

Wieder hört sie ein Rascheln. Ist das Petit oder etwa ein Wolf?

Hunde und Wölfe sind sich ein bisschen ähnlich. Vielleicht erinnert Petit sich, dass er mit den Wölfen verwandt ist und möchte plötzlich auch wie Marie wild und frei sein? Sie könnten zusammen durch den dichten Wald gehen. Das könnte richtig toll sein und auch gefährlich.

»Komm, Petit!«, flüstert sie. »Wenn du jetzt kommst, hauen wir zusammen ab und verstecken uns!« Petit lugt hinter einer Hecke hervor.

»Marie, komm hierher!«, hört sie die Stimme ihres Vaters. »Und ordne dein verstrubbeltes Haar wieder!« Marie seufzt, hebt Petit hoch und geht schnell zurück zur Familie.

Sie holt die Erwachsenen auf dem Weg ein. Die reden gerade über eine Theatervorstellung, die an diesem Abend, zu Beginn des Tanzballs, stattfinden soll. Ein lustiges Stück mit bekannten Schauspielern. In ihrer Zeit gelten Schauspieler wieder als ehrenvoll. Sie werden nicht mehr verachtet, und ein spaßiges Theaterstück gilt als gut. Aber was

hat sie davon, wenn sie nicht laut loslachen darf, sondern nur beherrscht und höflich?

Umgangsformen, Umgangsformen, Umgangsformen. Den ganzen lieben Tag. Wieder grübelt sie verärgert. Ziel der Umgangsformen ist es, eine Ordnung zu schaffen und dafür zu sorgen, dass das Zusammensein für alle angenehm ist, und das ist ja auch gut so. Aber zu ihrer Zeit beginnt man in Frankreich, die Umgangsformen noch höher zu bewerten. So sehr, dass man die Menschen nur noch an ihnen misst, und das ist alles andere als angenehm! Und mit wessen Umgangsformen beschäftigen sich die Erwachsenen dauernd? Natürlich mit denen der Kinder, denkt sie sich traurig.

Aber trotzdem können Erwachsene auch nett sein. Onkel Pierre sieht, wie unruhig sie heute ist, und lädt sie und den Vater in seine »Wunderkammer« ein, die er in einem Zimmer seines Hauses eingerichtet hat. Zu dieser Zeit besaßen viele reiche Leute solche Sammlungen, die sie »Wunderkammern« nannten, im Grunde die

ersten Museen. Marie bestaunt die vielen Ausstellungsstücke darin. Da gibt es interessante Muscheln, besondere getrocknete Fische und ein ausgestopftes Krokodil, das von der Decke hängt. Auf den Regalen liegen Korallen und verschiedene Arten von Steinen und farbiger Erde. Im Schrank steht der erste Band der ersten Enzyklopädie der Welt, der vor einigen Monaten gedruckt wurde, und an der Wand hängen Schaukästen mit allerlei Edelsteinen. Es gibt auch winzig kleine Statuen und Zeichnungen von Menschen, die wirklich gelebt haben und die sechs Finger an einer Hand oder drei Beine hatten. Aus einer Vase gucken die Federn eines echten Häuptlings aus Amerika, und daneben liegt ein großes Ei, von dem der Onkel schwört, es sei ein Drachenei. Auf dem Tisch steht die neueste Erfindung: ein Mikroskop, unter dem man winzige Lebewesen sehen kann, die man in letzter Zeit entdeckt hat und die Bakterien heißen. Weiter hinten im Zimmer entdeckt sie eine ausgestopfte Wölfin.

Petit starrt sie an. Alles ist so spannend und aufregend, dass Marie fast vergisst, was sie an diesem Abend noch erwartet. Sie könnte noch Stunden hier verbringen. Doch dann zieht der Vater seine Taschenuhr aus der Weste und klappt sie auf: »Es ist Zeit, dass wir uns für den Ball fertig machen.«

Ach, der Ball. Sofort verschwindet das Lächeln von Maries Lippen. Onkel Pierre sieht ihr trauriges Gesicht. Da holt er etwas aus dem Schrank und schenkt es ihr: Es ist eine wunderschöne Spieldose. Spieldosen sind das allermodernste Spielzeug, das es zu ihrer Zeit gibt. Auf Maries steht eine Puppe, die aussieht, als tanze sie wirklich. Nachdem man die Dose mit einem Schlüssel aufgezogen hat, bewegen sich ihre Arme und Beine und dazu spielt auch noch eine Melodie. Das ist unglaublich. Marie ist ganz begeistert. Sie würde den Onkel gerne umarmen, beherrscht sich aber und bedankt sich stattdessen höflich. Auf dem Weg in ihr Zimmer, wo sie sich gleich für den Ball umziehen werden, lässt Marie die Spieluhr immer wieder laufen. Herrlich!

Und plötzlich – hatschi – muss sie niesen, und dann noch mal hatschi! Sie will sich gerade die Nase am Ärmel abwischen, da reicht ihr die Tante ein schön besticktes Tüchlein. »Das ist ein Taschentuch«, erklärt sie ihr leise, »ab jetzt wirst du es immer benutzen, anstelle des Ärmels, so machen das die feinen Leute.« Hatschi – Marie niest noch einmal und putzt sich brav mit dem Taschentuch die Nase.

»Fehlt dir was?«, fragt ihr Vater.

Das ist meine Chance, denkt sich Marie. »Nein, ich fühl mich nicht so gut ... ich glaube, ich kann nicht auf den Ball gehen.«

»Das ist aber schade«, sagt ihr Vater.

»Ja, wirklich sehr schade«, pflichtet sie ihm eilig und höflich bei und schnäuzt sicherheitshalber noch einmal ins Taschentuch, bis die Kutsche kommt, die sie nach Hause bringt.

Mitten in der Nacht, als alle anderen auf dem Ball sind, stellt Marie die Spieldose auf die Kommode in ihrem Zimmer. Mit Hilfe des Schlüssels spannt sie die Feder, und dann spielt die Dose eine fröhliche Melodie. Die Mutter betrachtet sie von dem Bild an der Wand, so als höre sie aufmerksam zu. Die Puppe bewegt ihre Arme und Beine in ihrem Tanz, und Marie tanzt mit. Sie tanzt, wie sie will, und lacht sich kaputt. Und Petit bellt und wackelt mit dem Schwanz.

Was passiert in dieser Zeit sonst noch auf der Welt?

Im Jahr 1789 ereignet sich die Französische Revolution, die für die Freiheit und Gleichheit der Menschen kämpft und die die Königsherrschaft beendet.

Im Laufe des 17. Jahrhunderts erreicht die erste große Welle von europäischen Siedlern aus Europa Amerika. Etwa 150 Jahre später beginnt der amerikanische Unabhängigkeitskrieg, an dessen Ende sich die Vereinigten Staaten gründen, George Washington wird ihr erster Präsident.

Das Klavier wird erfunden, das erste Tasteninstrument, auf dem man leise – »piano« – oder laut – »forte« – spielen kann, je nachdem, wie fest man die Tasten drückt, deshalb heißt es bis heute auch »Piano«.

Auf der Insel Mauritius im Indischen Ozean siedeln sich Holländer an. Der Vogel Dodo, der nur auf dieser Insel lebt, wird von ihnen und den Tieren, die sie mitbrachten, ausgerottet. Er wurde zum Wahrzeichen für die Gefahr, die vom Menschen für Tiere ausgeht.

In Afrika blüht das Reich der Aschanti (heute Ghana). Seine Bewohner betreiben Goldhandel und Landwirtschaft. Um Nachrichten zu übermitteln, benutzen sie Trommeln, deren Klang wie menschliche Sprache klingt und die ganze »Sätze« »sagen« können, die viele Kilometer weit zu hören sind.

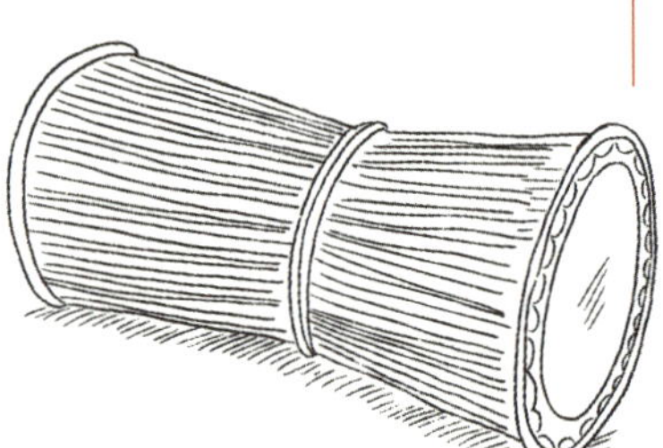

18

Vor etwa 180 Jahren

(im Jahr 1840)

England, Europa

DAVID

Diese Geschichte ereignet sich im Dunkeln. Dabei ist es gar nicht Nacht. Nur dieser Ort hier ist finster und abgeschlossen. Die Luft ist stickig, die Zeit vergeht furchtbar langsam, und wer sich hier befindet, muss noch viele Stunden bleiben.

Es ist ein Kohlebergwerk. Hier verbringt David seine Tage: Er ist erst sieben, muss aber schon arbeiten, und sogar sehr schwer. Zwölf Stunden am Tag. Sein Vater hat seine Arbeitsstelle verloren, seine Mutter verdient nur wenig, und wenn David, seine Schwester und sein kleiner Bruder nicht angefangen hätten zu arbeiten, hätten sie zu Hause kein Geld.

Bis vor ein paar Monaten arbeiteten seine Mutter und seine Schwester als Garnfärberinnen, sein Vater webte das Garn zu Stoffen.

So verdienten sie ihren Unterhalt. Doch in den letzten Jahren wurden immer trickreichere Maschinen erfunden, die in kürzerer Zeit viel mehr färben und weben. Es ist billiger, die schnellen Maschinen zu betreiben, als die Menschen zu bezahlen, die diese Stoffe mühsam von Hand herstellen.

Deshalb bestellt niemand mehr Stoffe bei Davids Vater. Der Webstuhl steht unbenutzt herum, und die Färberäder stauben ein. Sein Vater liegt die meiste Zeit traurig auf dem Bett. Ab und zu betrinkt er sich, damit er nicht dauernd an seine Sorgen denken muss.

David weiß, dass es nicht nur seinem Vater so geht: Der Vater von James stellt keine Nadeln mehr her, weil Maschinen das jetzt viel schneller und genauer machen als er, und auch Williams Familie musste ihre kleine Werkstatt zum Weben von Spitze schließen.

Seit man diese beeindruckenden neuen Maschinen betreibt, die

in großen Fabriken schnell und billig viel Ware produzieren, können es sich viel mehr Leute leisten, diese Ware zu kaufen. Das Problem ist nur, dass die Maschinen Menschen ersetzen, und so haben viele Menschen keine Arbeit mehr. Und wer keine Arbeit hat, hat kein Geld, um etwas zu kaufen. So ist es Davids Familie passiert, und deshalb arbeiten nun seine Mutter, David und der kleine Henry im Kohlebergwerk und seine große Schwester Peggy in einer Nähfabrik.

Jeden Morgen werden sie durch ein Klopfen am Fenster von einem Weckmann geweckt. Der hat einen langen Stock, mit dem er auch bis zu den oberen Fenstern des Hauses reicht. Ein Wecker ist zu dieser Zeit etwas sehr Teures, deshalb bezahlen viele Arbeiter diesem Mann ein paar Groschen und lassen sich von ihm wecken.

David schaut aus dem Fenster und gibt dem Mann ein Zeichen, dass sie ihn gehört haben. Mutter, Henry und er haben einen langen

Weg bis zum Bergwerk, wo David in schmalen Gängen in der Erde Kohlenwagen schiebt. Der Wagen, den man »Lore« nennt, ist mit einer Eisenkette an seine Mutter angebunden, und David schiebt von hinten. So bringen sie ihn tief hinein ins Bergwerk. Drinnen füllen die Bergmänner die Kohle auf den Wagen, und dann bewegen David und die Mutter ihn wieder hinaus. Am Ausgang ist es Henrys Aufgabe, rechtzeitig das Tor zu öffnen, um die Wagen nicht aufzuhalten. Hinter dem Tor ist es hell, doch David darf nicht hinaus, dort warten schon andere Arbeiter, die die Kohle weitertransportieren. Er und die Mutter schieben den Wagen nur hinaus, werden einen Moment vom Tageslicht geblendet und kehren sofort ins Dunkel zurück, um den nächsten Wagen Kohle zu holen.

Um in dem stickigen Dunkel und bei der schweren Arbeit nicht verrückt zu werden, denkt David an Dinge, die ihm Mut machen: Vielleicht ist es ja noch eine Weile hell, wenn er heute Abend aus dem Bergwerk kommt? Dann könnte er auf dem Heimweg im Park noch etwas über den Rasen laufen, sich die Bäume anschauen und den Himmel. Und vielleicht könnte er sogar dem Orchester zuhören, das dort in einem kleinen Pavillon spielt. Nicht weit davon wird manchmal sogar ein Puppentheater aufgeführt. Solche Vorstellungen in öffentlichen Parks sind nicht selten. Er könnte es heute rechtzeitig schaffen, wenn der Bergmeister ihn etwas früher gehen ließe. Und wenn Henry nicht wieder weint, dass er nicht so schnell rennen kann.

Gestern auf dem Heimweg waren er und Henry fröhlich losgerannt und ab und zu auch gehüpft, doch dann hatte ein anderer Junge sie auf einem Fahrrad überholt. Das hatte sie beide geärgert. Wie sehr hatte David den Jungen auf dem Fahrrad beneidet.

Das Fahrrad ist eine ziemlich neue Erfindung. Es hat zwar noch keine Pedale, es ist wie ein Laufrad. Aber trotzdem ist es sehr schnell. David hatte Henry zugerufen: »Komm, wir überholen diesen Angeber!«, doch Henry hatte geweint, er sei schon müde. Warum jammerte Henry die ganze Zeit? Er muss doch nur das Tor auf- und zumachen.

Er sollte sich freuen, dass er nicht als Schornsteinfeger arbeitet, wie ihr Freund James. Man sagt, in einem Kamin sei es noch enger und stickiger als in den Gängen des Bergwerks. Deshalb wird diese Arbeit von Kindern gemacht, denn sie sind klein genug. (Wusstest du, dass die Kinder früher etwa zehn Zentimeter kleiner waren als heute?)

David schiebt einen Wagen nach dem andern. Um sich Mut zu machen, sagt er sich, dass er es so viel besser hat als andere Kinder: Besser als seine Schwester Fanny in der Näherei. Die muss die Fäden auf die Spulen einer Maschine wickeln, die sehr schnell arbeitet. Sie arbeitet nicht mit ihrer Mutter zusammen. Außerdem bekommt sie Schläge, wenn sie es nicht schafft, im Takt der Maschine zu arbeiten, oder wenn sich die Fäden verheddern.

David will noch an andere Kinder denken, die es schwerer haben als er, doch dummerweise fallen ihm nur Kinder ein, denen es gut geht. Seine Freunde von früher zum Beispiel, mit denen er zur Schule ging, als er noch Zeit für sich hatte. Sie sitzen bestimmt weiter in der Schule und lernen.

Es ist eine kleine Schule gewesen, in die er bis vor einigen Monaten gegangen ist. Ein reicher Mann hatte sie für die Kinder der Armen gegründet, damit auch sie ein bisschen lesen und schreiben lernten. In dieser Zeit dachte man noch nicht, dass alle Kinder in die Schule

gehen sollten. Nur Kinder aus reichen Familien, die Schulgeld bezahlen konnten, durften lernen. In Davids Schule gab es nur einen Raum, in dem die Kinder aller Klassen zusammen unterrichtet wurden. Jedes Kind lernte seinen Unterrichtsstoff für sich und zeigte dem Lehrer ab und zu, was es gelernt hatte. David war einer der besten Schüler, er erledigte alle seine Aufgaben schnell. Besonders gerne hat er geschrieben, denn in der Schule gab es eine neue Erfindung: Statt einer gewöhnlichen Schreibfeder, gab es schon einen Füllfederhalter. Obwohl man vom Lehrer Schläge bekam, wenn man nicht aufpasste und der Federhalter kleckste, hatte er sich in der kleinen Klasse meistens wohlgefühlt. Er wäre jetzt viel lieber dort, anstatt hier in der Dunkelheit einen Wagen Kohle nach dem anderen zu schieben.

Die Mutter sieht Davids trauriges Gesicht. »Ist dir eigentlich klar, wie wichtig deine Arbeit ist?«, fragt sie ihn und erklärt ihm, man brauche diese Kohle für die neuen Dampfmotoren, die wiederum die ganzen neuen Maschinen zum Laufen bringen. Und das Wichtigste: Man befeuere mit dieser Kohle die Eisenbahn! David liebt Eisenbahnen. Die wurden kurz vor seiner Geburt erfunden, und sie legen mehr als 25 Kilometer in der Stunde zurück, viel mehr als jedes Pferd! Sie sind so schnell, dass manche Leute sie erst für gefährlich hielten und dachten, die Menschen könnten verrückt werden, wenn sie sie mit dieser Geschwindigkeit vorbeisausen sähen. David dagegen schaut sich gerne an, wie die Züge nicht weit von seinem Haus vorbeirasen. Sie bringen Wissen und auch neue Ideen von weit entfernten Orten in seine Stadt.

»Ich habe gehört, dass ein Schiff mit Dampfmotor den ganzen Ozean überquert hat, ganz ohne Ruder oder Segel zu benutzen!«, erzählt Mutter ihm während sie den Wagen zieht. »Vielleicht wird die Kohle, die wir hier gerade schieben, so einen Schiffsmotor antreiben und in die weite Welt fahren?«

David hört ihr glücklich zu, und ein Lächeln legt sich auf sein kleines, verrußtes Gesicht.

»Ich möchte auch mit Eisenbahnen und Schiffen durch die Welt reisen«, verkündet David. »Ich werde überall hinfahren!«, ruft er ins Dunkel der engen Wände. Er denkt an die Weltkarte. Die kennt er gut, denn in der Schule hat man ihm die Karte der Welt anhand eines schönen neuen Spiels beigebracht: mit einem Puzzle. Ja, die ersten Puzzles wurden dazu erfunden, die Landkarte zu lehren. Jedes Land hatte einen anderen Puzzlestein. Jetzt, da die Zeit langsam vergeht, stellt er sich vor, er würde reisen. Er weiß, dass sein Königreich England noch einige andere Länder beherrscht, und er ist sich nicht sicher, ob alle Bewohner dieser Länder das gut finden. Aber wahrscheinlich wäre es dennoch einfacher, zuerst diese Länder besuchen? Vielleicht könnte er nach Indien reisen?

Wann kommt er endlich hier raus? Wird der Bergmeister sie gleich herausrufen und ihnen ihren Lohn auszahlen? Als sich das Tor für einen Moment öffnet, sieht David, dass die Sonne schon untergeht. Der Bergmeister trinkt jetzt bestimmt noch mit seiner Frau und seinen Kindern Tee. David weiß, dass es seit kurzem in England den Brauch gibt, nachmittags mit der Familie Tee zu trinken und Gebäck zu essen. Aber seine Familie ist an verschiedene Orte zerstreut, und sie haben auch gar keine Zeit, Tee zu trinken. Sowieso ist Tee sehr teuer, und nur wer reich ist, kann sich welchen leisten.

Die Mutter erlaubt, dass sie sich ein paar Minuten ausruhen dürfen, auch wenn sie keinen Tee haben. David seufzt und setzt sich auf den Boden. Die Erde ist klamm und sein Hosenboden wird feucht. Schade, dass er sich nicht diese neue Erfindung kaufen kann, die man »Unterhosen« nennt, denkt er sich. Die Königin, so hatte er gehört, habe gesagt, alle sollten sie jetzt tragen: eine weiße dünne Hose, die bis zu den Knien reiche und die man unter der normalen Hose trage. Wenn er solche Unterhosen hätte, hätte er jetzt vielleicht keinen kalten Po. Aber da ertönt die Stimme des Bergmeisters. Endlich! Alle drängeln hinaus, um die dunklen Tunnel zu verlassen.

Draußen ist es noch ein bisschen hell! David, der sehr flink ist, hat einen guten Platz in der Lohnschlange ergattert. Geschafft! Sie bekommen Zettel, die man ihnen als Lohn auszahlt, und geben sie der Mutter, die dafür in dem Laden, der auch dem Besitzer des Bergwerks gehört, einkaufen kann. David und Henry winken ihr zum Abschied zu, denn sie müssen sich beeilen. Henry läuft so schnell er kann, aber seine Beine sind kurz und er ist müde, deshalb ist er ziemlich langsam. So kommen sie nie rechtzeitig zu der Vorstellung!

Da werden sie wieder von dem Jungen mit dem Fahrrad überholt. David schaut ihm neidisch hinterher. Mit dem bisschen Kraft, das er noch hat, hebt er seinen kleinen Bruder hoch und rennt mit ihm so schnell er kann. Als sie den Park erreichen, hört er tatsächlich das Orchester! Ja, es spielt immer noch! Neugierig zieht Henry seinen Bruder näher zu den Musikern. Aber David ist verlegen, so kohlrabenschwarz zwischen den Leuten. Er sieht, wie die Kinder der Reichen ihn und seinen Bruder anstarren. Doch dann denkt er, dass das eigentlich nicht wichtig ist. Hauptsache, sie haben es geschafft. Wie schön ist diese Musik! Wie schön ist es draußen! Und auch die Vorstellung des Puppentheaters läuft noch. Sie lachen sich kaputt, so lustig ist das Stück. Danach setzen sie sich auf eine Bank und warten

auf ihre Mutter. Währenddessen schauen sie anderen Kindern zu, die herumrennen und mit einem Netz Schmetterlinge fangen. Zu ihrer Zeit gilt das als eine gute Beschäftigung, weil man dabei einiges über die Natur lernt. Nur David und Henry haben keine Kraft mehr, herumzurennen. Sie sitzen einfach da und genießen die frische Luft.

Nachdem die Sonne untergegangen ist und der Laternenanzünder die Gaslichter anzündet, kommt die Mutter, und sie gehen zusammen nach Hause. Der Heimweg ist sehr lang. Längst hätten sie ins Stadtzentrum umziehen müssen, näher ans Bergwerk, aber Vater will das nicht. Er hat sich noch immer nicht damit abgefunden, dass er seine Arbeit als Weber für immer verloren hat. Mutter hatte sogar eine nähere Wohnung gefunden, aber sie kann die Wohnung nicht allein kündigen und eine andere mieten, denn in ihrer Zeit dürfen das nur Männer. Nach dem Gesetz gehört der gesamte Besitz einer Familie dem Mann, auch die Kinder. Es sind ausschließlich die Männer, die zur Wahl gehen und bestimmen. Wenn David groß ist, wird er mit seiner Tochter darüber reden, und sie wird eine der Frauen sein, die gegen diese Ungleichheit kämpfen. Wenn diese Tochter sechzig Jahre alt sein wird, wird sie endlich wählen dürfen. Aber jetzt geht David den ganzen langen Weg nach Hause und überlegt sich, wie er Vater davon überzeugen kann, dass sie umziehen oder ihm zumindest ein Fahrrad anschaffen müssen!

Endlich angekommen. Sie machen die Tür auf. Der Vater nickt

ihnen aus dem Dunkel zu und steht auf, um in der kleinen Lampe Licht zu machen. David freut sich, dass Mutter ihnen die Blechwanne mit Wasser füllt, das sie auf dem Herd gewärmt hat. Das bedeutet, dass das Wochenende beginnt! Wie hat er das vergessen können? Morgen hat er frei! Jetzt kann er sich den ganzen Kohlenstaub abwaschen, der im Laufe der Woche an ihm festgeklebt ist. Als er und Henry schließlich sauber aus der Wanne steigen, setzen sie sich zum Vater und erzählen ihm von dem Jungen, der sie immer auf dem Fahrrad überholt.

»Wenn wir ein Fahrrad hätten, könnten wir noch etwas unternehmen, solange es hell ist«, erklärt er dem Vater.

Der Vater seufzt. Er legt David die Hand auf die Schulter und erzählt den Kindern, er sei heute in der Stadt gewesen und habe Arbeit gesucht. Da habe ihm jemand erzählt, dass man jetzt eine elektrische Glühbirne erfunden habe, die so hell leuchtet wie Tageslicht, viel heller als die Gaslampen. Man wolle diese Glühbirne jetzt so weiterentwickeln, dass man sie zu Hause und auch draußen benutzen könne. Das wäre großartig, denkt sich David. Wenn er nach Hause kommt und im Haus wäre es hell und man könnte noch etwas machen. Der Tag wäre nicht schon vorbei. Das wird zwar erst geschehen, wenn David schon 40 ist, aber mit diesem das Herz erhellenden Gedanken geht er schlafen.

Als er am Morgen die Augen aufschlägt, sieht er in der Mitte des Zimmers ein Fahrrad stehen! Schnell weckt er Henry, und beide untersuchen das Fahrrad. David schaut sich die Räder an und erkennt: Es sind die alten Räder aus der Garnfärberei, und der Lenker ist aus dem Rahmen von Vaters Webstuhl gemacht.

Was passiert in dieser Zeit sonst noch auf der Welt?

- Die industrielle Revolution, von der in diesem Kapitel erzählt wird, breitet sich von England auf die anderen europäischen Länder und bis in die Vereinigten Staaten aus. An vielen Orten werden Fabriken errichtet.

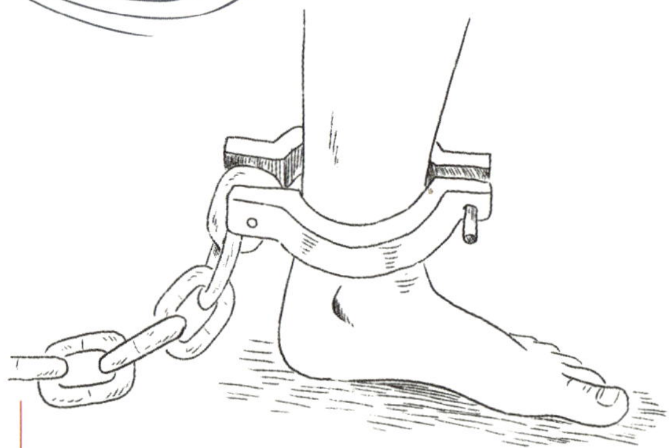

- Wegen der Ausbreitung der Industrie, die viel Treibstoff verbrennt, vermehrt sich der Ausstoß von Gasen, die die Hitze auf der Erdkugel speichern. Damit beginnt schon recht schnell der Klimawandel auf der ganzen Welt.

- Schon seit über 200 Jahren werden Millionen von Afrikanern mit Gewalt aus Afrika nach Europa und Amerika verschleppt, um dort als Sklaven zu arbeiten. Sie gelten als Besitz derjenigen, die sie gekauft haben, und wenn sie nicht gehorchen, werden sie ausgepeitscht und gequält. Erst 1865 wird die Sklaverei in Amerika verboten.

- In England werden zum ersten Mal einheitliche Regeln für Fußball festgelegt und die ersten Wettkampfklassen entstehen.

- Die Vereinigten Staaten bekommen von Frankreich die Freiheitsstatue geschenkt.

- Der Franzose Louis Pasteur zeigt, dass Bakterien nicht aus dem Nichts entstehen. Er entdeckt eine Impfung gegen Tollwut und erfindet eine Methode, Nahrung vor dem Befall durch Bakterien zu schützen – eine Methode, die nach seinem Namen benannt wurde: »pasteurisieren«.

- Die Britin Ada Lovelace, die erste Programmiererin der Welt, schreibt den ersten Code für ein Computerprogramm.

19

Vor etwa
100 Jahren
(Anfang des
20. Jahrhunderts)

BETTY

Das Mädchen, von dem wir im letzten Kapitel dieses Buches erzählen, lebte vor nur 100 Jahren. Du siehst, wie sehr sie sich von dem Mädchen vor eineinhalb Millionen Jahren unterscheidet, mit dem wir unser Buch begannen:

Das erste Mädchen hatte vermutlich keinen Namen, und dieses Mädchen hat sogar auch einen Nachnamen: Betty Parker.

Das erste Mädchen lebte in Afrika zusammen mit Pflanzen und verschiedenen Tieren, das zweite lebt in Amerika, in einer lauten, dicht besiedelten Stadt mit vielen Häusern und Menschen.

Das erste Mädchen wanderte jeden Tag mit seiner ganzen Familie unter freiem Himmel, das zweite hat den ganzen Vormittag in der Schule verbracht und fährt jetzt in einem Auto.

Aber vielleicht haben sie doch auch einiges gemeinsam? Ja! Sie beide haben eine ganz ähnliche Erfahrung gemacht: Beide lebten nicht nur an einem Ort, sie sind Zuwanderinnen. Das erste Mädchen und ihr Stamm waren hungrig und zogen deshalb aus Afrika nach Norden, um in dem neuen Gebiet genügend Nahrung zu finden. Betty und ihre Familie waren arm und zogen deshalb vor zwei Jahren aus Polen nach Amerika, um dort Arbeit, ein Einkommen und Sicherheit zu finden.

Betty führt jetzt ein angenehmes Leben. Und trotzdem fehlt ihr etwas. Etwas, wovon das erste Mädchen im Überfluss hatte: Natur. Betty sehnt sich nach der Natur am Rande des Städtchens, in dem sie früher lebte. Dort war sie manchmal am Fluss entlang oder über die Felder gegangen. Und am liebsten hatte sie am Ufer besondere Steine gesammelt. Siehst du, dann ist da ja noch etwas, was die beiden Mädchen gemeinsam haben: ihre große Vorliebe für Steine!

Das erste Mädchen hatte keine Steinsammlung, weil man damals noch keinen Besitz ansammelte. Betty besaß eine schöne Sammlung, von der sie sich aber trennen musste, als sie nach Amerika zogen. Immer wieder erinnert sie sich traurig an ihre Steine. Sie dachte, sie könnte neue Steine sammeln, aber hier in der Großstadt findet man fast gar keine interessanten Steine. In dem Viertel, in dem sie wohnt, gibt es keine Erde, keine Natur, nur Gehwege und Straßen und ein paar öffentliche Parks, in denen man aber auch kaum Steine findet. Ihre Eltern mögen das umtriebige Stadtleben und wollen es ihr schmackhaft machen. Aber wenn Betty im Park in der Erde gräbt und nach Steinen oder unter den Sträuchern nach kleinen Tieren sucht, sagen sie, sie solle das lassen, sie würde sich nur schmutzig machen. Deshalb hat Betty ihre Mutter immer wieder gebeten, doch mal mit ihr aus der Stadt hinauszufahren, am besten an die Küste des Atlantiks. Dort gebe es besondere Steine, hatte sie von ihren Freundinnen gehört.

Doch das war gar nicht so leicht gewesen: Erst hat ihre Mutter gesagt, sie sei nachmittags zu müde. Und tatsächlich, seit es in den

NEMA

Häusern elektrisches Licht gibt, gehen die Erwachsenen nicht mehr schlafen, wenn es dunkel wird, sondern immer später. Und deshalb sind sie die meiste Zeit müde. Aber Betty hatte darauf bestanden: Die Natur wird uns erfrischen!

Dann sagte Mutter, sie wolle die abendliche Radiosendung nicht verpassen. In dieser Zeit ist das Radio eine ganz neue Attraktion; viele Leute kleben regelrecht an den Geräten, um bestimmte Sendungen zu hören.

Doch Betty quengelte weiter: Wir müssen ja nicht lange am Strand bleiben, dann sind wir rechtzeitig wieder zurück!

Einmal schlug die Mutter stattdessen vor, sie könnten ins Kino gehen und einen neuen Film anschauen. Einen der ersten Filme, die auch Ton hatten, in dem man die Schauspieler sogar reden höre. Betty erschrak: Filme mit Ton? Das war sonderbar und etwas beängstigend. Sie wollte lieber in die Natur und Steine sammeln!

Oder Mutter erklärte, nur Vater könne den Wagen anlassen, und der sei bei der Arbeit. Die ersten Autos musste man tatsächlich mit einer großen Kurbel ankurbeln, bevor man einstieg. Das brauchte viel Kraft, und Frauen galten damals als zu schwach dafür.

Doch Betty lächelte: Wenn wir es gemeinsam versuchen, schaffen wir es bestimmt!

Zum Schluss erzählte Betty ihrer Mutter, sie habe immer wieder denselben Traum: Darin war sie allein an einem stillen Ort, umringt von großen Felsen. Ihre Mutter hörte besorgt zu, denn zu dieser Zeit meint man, dass Träume eine Nachricht aus dem Unterbewussten des Menschen hervorbringen und dass man sie ernst nehmen muss. Das hatten sie auch schon in ihrer Lieblingssendung gesagt. Sie beriet sich sofort mit einem befreundeten Psychologen und kam mit ihm zu dem Schluss, der Traum drücke einen starken inneren Wunsch aus, auf den man Rücksicht nehmen müsse. So war die Mutter schließlich bereit, mit Betty hinauszufahren: Morgen Nachmittag fahren sie endlich ans Meer!

Den ganzen Morgen in der Schule wartet Betty nur auf den Ausflug. Es fällt ihr schwer, der Lehrerin zuzuhören. Tatsächlich ist es für sie auch sonst in der Schule schwer. Mehr als einmal hat die Lehrerin schon zu Bettys Eltern gesagt, sie habe ein Problem mit dem Stillsitzen.

Aber vielleicht ist es einfach unnatürlich, so lang an einem Platz zu bleiben?, fragt sich Betty. Sie versucht wirklich, sich im Unterricht zu konzentrieren, aber sie langweilt sich. In ihrer Zeit, in der schon Schulpflicht herrscht, wäre sie manchmal froh, es würde sie nicht geben. Sie hat den Eindruck, dass man Kindern alles furchtbar langsam beibringt und dabei vergisst, dass sie bei jeder Gelegenheit von ganz allein lernen! In den Pausen ist Betty gern für sich allein, setzt sich einfach irgendwo hin und träumt vor sich hin. Doch leider ist Einzelgängersein zu ihrer Zeit nicht mehr so gut angesehen, wie es früher war. Die Lehrerin ist besorgt, dass sie nicht mit den anderen Kindern spielt, und die Kinder denken, sie sei komisch.

Gut, dass der Schultag endlich zu Ende ist. Betty läuft eilig nach Hause, denn sie möchte ihren Cousin Max zu dem Ausflug einladen. Das Mädchen im ersten Kapitel unseres Buches spielte gerne mit ihrem Cousin, und sie waren immer zusammen, Tag und Nacht. Auch Betty spielt gerne mit ihrem Cousin, aber die meiste Zeit ist er nicht bei ihr. Er wohnt ein paar Straßen weiter und geht auf eine andere Schule. Aber sie haben einen großen Vorteil gegenüber den Kindern früherer Zeiten, wenn die Sehnsucht nach ihren Cousins hatten: Sie können telefonieren! Es gibt zwar noch nicht in jeder Wohnung ein Telefon, aber etwa die Hälfte ihrer Freunde hat schon eins, auch sie und die Familie von Max.

Betty nimmt den Hörer ab und bittet die Telefonistin, sie mit dem Apparat in der Wohnung ihres Onkels zu verbinden. Die Telefonistin sitzt an einem völlig anderen Ort in der Stadt, an dem alle Telefonleitungen zusammenlaufen. Sie verbindet die beiden richtigen Kabel, und dann können die Leute miteinander reden. Max nimmt den Hörer ab, und Betty fragt ihn, ob er mit auf den Ausflug in die Natur, an die Küste mitkommen möchte.

»Klar doch«, sagt Max, »in ein paar Minuten bin ich bei euch.«

Betty bereitet den Ausflug vor. Sie holt einen Korb für die Steine, die sie sammeln will, und schaut dann in den Kleiderschrank. Was soll sie anziehen? Sie ist nicht besonders reich, aber wie viele Kinder ihrer Zeit hat sie mehr als zehn Sachen zum Anziehen und nicht nur zwei, wie es noch bei ihren Großeltern war. Das ist schön, aber wenn man so viel hat, ist es auch schwerer, sich zu entscheiden.

Sie betrachtet ihre Kleider. Es ist üblich, Kleider zu nähen oder zu kaufen, die etwas zu groß sind. Dann näht man unten einen Saum ein, den man rauslässt, wenn das Kind wächst. Manchmal passt man auch das alte Kleid an eine neue Mode an – zum Beispiel indem man einen

Kragen aufsetzt, aus engen langen Ärmeln kurze weite Ärmel macht, den Rock kürzt oder verlängert. So bekommt ein altes Kleidungsstück ein neues Gesicht. So macht man das mit allen Kinderkleidern.

Nach längerem Überlegen holt Betty, du wirst es nicht glauben, eine Hose aus dem Schrank! Obwohl die meisten Mädchen noch keine Hosen tragen, hat Betty schon ein Paar. Eine Hose ist für einen Ausflug bequemer, denkt sie sich.

Am liebsten hätte sie Jeans angezogen wie der Vater von Max. Seine Arbeitskollegen in der Fabrik, die aus dem Westen kamen, haben sie ihm mitgebracht. Jeans gelten aber nur als Arbeitskleidung. Man trägt sie nicht einfach so, und schon gar nicht in New York, wo Betty lebt.

Doch Betty ist begeistert von Jeans, vor allem von den Metallnieten, damit die Hosentaschen nicht ausreißen. In so starken Taschen könnte sie viele Steine sammeln. Vielleicht werden Jeans ja irgendwann ein bisschen modern?

Aber sie mag auch den Pulli, den sie gewählt hat: Er hat einen Reißverschluss, und das ist etwas ziemlich Neues. Für Kinder wie sie, die nicht gerne viele Knöpfe zuknöpfen, eine tolle Erfindung. Der Pulli ist

blau, denn Blau gilt in dieser Zeit als eine ruhige, sanfte Farbe, die zu Mädchen passt. Während die energische Farbe Rosa eine gute Farbe für Jungen ist.

Sie denkt an ihren Cousin Max, der wirklich ziemlich oft Rosa trägt und der ihr einmal verraten hat, dass er gerne auch manchmal etwas Grünes anziehen würde. Warum er kein Grün tragen kann? Weil es für Jungs verboten ist oder weil er zu einem anderen Volk gehört? Nein. Er hat sich dieses Verbot selbst auferlegt, weil Grün die Farbe des gegnerischen Basketballvereins ist, der immer gegen seinen Lieblingsverein spielt. Manchmal, wenn es keine Verbote gibt, legen sich die Leute auch selbst Verbote auf.

Max mag Basketball sehr. Das Spiel wurde erfunden, als sein Vater und Bettys Vater noch klein waren. Einmal hat sein Vater ihnen erzählt, dass früher statt der Netze Säcke in den Körben hingen und man die Bälle immer aus ihnen herausholen musste. Bis man beschloss, die Säcke unten aufzutrennen, so dass der Ball direkt wieder herausfallen und man gleich weiterspielen konnte, ohne ihn da erst herauszuangeln. Wie sehr hatten Betty und Max gelacht, als sie das hörten, und wie schön wird der gemeinsame Ausflug heute werden. Betty ist so weit, und Max steht schon vor der Tür.

Mutter, Betty und Max schaffen es, das Auto anzukurbeln, und fahren los. Sie würden gern schneller fahren, aber das Autofahren in der Stadt ist in dieser Zeit noch nicht geregelt. Fußgänger, Fahrräder, Pferde, Autos und Straßenbahnen benutzen alle dieselbe Straße. Ein Glück, dass man gerade in ihrer Stadt die erste Ampel erfunden hat. Sie hilft, dass nicht alle zusammenstoßen, wenn sie gleichzeitig die Kreuzung überqueren wollen.

Betty glaubt, es wäre bequemer und schneller, wenn einfach alle mit dem Auto fahren würden. Sie weiß noch nicht, dass in ein paar Jahren, wenn sich alle mit dem Auto fortbewegen, riesige Staus entstehen werden, so dass eine Strecke manchmal sogar länger dauert als auf dem Pferd.

Unterwegs gibt Mutter ihnen eine Glasflasche mit Saft (Plastikflaschen gibt es noch nicht) und Sandwiches, die sie für sie zubereitet hat. In letzter Zeit backt sie das Brot nicht mehr selbst, sondern kauft es fertig. Diese Neuerung war Betty zuerst merkwürdig vorgekommen, aber das Brot schmeckt lecker. Und es schmeckt ihr besonders gut, weil sie weiß, dass die Mutter dadurch mehr Zeit hat, andere Sachen zu machen – zum Beispiel einen Ausflug mit ihr.

Betty und Max genießen die Fahrt außerhalb der Stadt, durch die Natur, aber freuen sich auch, als sie ankommen. Was für Weiten! Büsche, Blumen und das endlose Meer! Sie springen aus dem Auto. Betty beginnt sofort, Steine für ihre Sammlung zu suchen. Max hilft ihr dabei. Ein paar besonders schöne legen sie gleich in den Korb.

Aber oje, die Menschen, die sich schon ganz an das Stadtleben gewöhnt haben, haben sich so sehr vom Leben in der Natur entfernt, dass ihnen viel von dem Wissen fehlt, das in der fernen Vergangenheit fast alle Menschen auf der Welt besaßen. In der freien Natur wissen sie nicht immer, wie man sich zurechtfindet.

Unsere Ausflügler können die Zeichen des Wetters nicht lesen; sie wissen nicht, dass es ein Zeichen für Regen ist, wenn die Bienen plötzlich von den Blüten wegfliegen. Sie sind gewohnt, den Wetterbericht im Radio zu hören. Und da sie den heute verpasst haben, wissen sie nicht, dass es gleich anfangen wird zu regnen.

Im Regen gehen sie zwischen verschiedenen Büschen hindurch, aber sie wissen nicht, wo man Brennnesseln anfassen muss, damit sie nicht weh tun, und so haben Betty und Max brennende Hände.

Tropfnass und mit juckender Haut sammeln sie Steine und pflücken auch viele Blumen, weil sie nicht wissen, dass diese Blumen immer seltener werden und dass man sie schützen und stehen lassen sollte.

Als Betty Pipi machen muss, muss sie sich eine geschützte Stelle suchen, wo man sie nicht sieht. Sie kann sich nicht wie ihre Großmutter, die nur Röcke ohne Unterhosen trug, einfach irgendwo hinhocken, ohne dass jemand es mitbekommt.

Als es dunkel wird, wollen sie zurück zum Auto, nur: Wo genau haben sie es geparkt? Sie können sich in der Natur nicht orientieren. Schließlich finden sie es. Plötzlich laufen Unmengen kleiner Wasserschildkröten, die gerade erst aus ihren Eiern geschlüpft sind, irrtümlich in Richtung der funkelnden Strahler des Autos. Sie finden nicht den Weg in das ebenfalls funkelnde Wasser, wie es die Natur vorgesehen hat. Ja, das Verhältnis des Menschen zur Natur hat sich sehr gewandelt; die Menschen werden noch viel verändern müssen.

Aber jetzt möchte Mutter schnell nach Hause, damit sie noch ihre Sendung im Radio hören kann. Es ist ein Programm über neue Erkenntnisse und Entdeckungen. Die ganze Zeit sorgt sie sich, ob ihre Armbanduhr auch richtig geht und ob sie die Sendung auch nicht verpassen wird. Einmal am Tag muss man den Knopf an der Uhr drehen, um die Feder darin aufzuziehen, sonst bleibt die Uhr stehen. Vielleicht hat sie gestern, als sie das Aufziehen vergaß und die Uhr stehengeblieben war, sie nicht ganz genau neu gestellt? Betty hofft sehr, dass sie rechtzeitig ankommen und die Mutter nicht traurig sein wird. Sie selbst hat keine Uhr, denn zu dieser Zeit besitzen nur die

Erwachsenen welche. Doch als sie nach Hause kommen und die Tür aufmachen, schlägt die Pendeluhr an der Wand siebenmal. Pendeluhren sind die genauesten Uhren, die es gibt.

Die Sendung beginnt. Mutter setzt sich an den riesigen Radioapparat, in dem eine große grüne Röhre leuchtet. Sie schickt Betty in ihr Zimmer, aber die geht nicht gern allein schlafen. Mama und Papa denken, Kinder müssen allein schlafen. So ist es in dieser Zeit üblich. Daher nimmt Betty einen der schönen Steine, die sie gefunden hat, mit ins Bett und streichelt ihn, um sich zu trösten.

Nachdem die Sendung zu Ende ist, kommt die Mutter ins Zimmer, um Betty gut zuzudecken, und sieht, dass Betty noch gar nicht schläft. Sie setzt sich zu ihr und streichelt ihr Haar.

»Sag mir, was sie in der Sendung erzählt haben«, bittet Betty.

»Sie haben berichtet, dass man die Knochen von einem besonderen Lebewesen gefunden hat, das vor eineinhalb Millionen Jahren in Afrika gelebt hat«, flüstert die Mutter. »Ein Wesen, das schon ein bisschen menschenähnlich war. Es hat dort ganz ähnlich gelebt wie wir und war trotzdem noch sehr anders. Es hat Pflanzen gesammelt, hat mit Tieren gelebt, es hatte eine Familie und keine Angst vor dem Feuer …« Die Mutter erzählt und gähnt, erzählt weiter und gähnt, und dann sagt sie, ganz ohne Zusammenhang, »und dann fliegt es zu den Sternen.« Betty lacht. Die Mutter ist mitten in der Geschichte auf der Bettkante eingeschlafen.

Betty steht leise auf und geht zum Fenster. Sie schaut in den Himmel und sucht die Sterne. Der Himmel, den das afrikanische Mädchen vor eineinhalb Millionen Jahren sah, war übersät von Sternen. Am Himmel über New York, den Betty sieht, sieht man fast gar keine, weil die Stadt mit den vielen elektrischen Straßenlaternen hell erleuchtet ist.

Aber den Mond sieht man gut. Sie schaut ihn an und denkt sich, früher, vor eineinhalb Millionen Jahren, hat bestimmt auch ein Mädchen in den Mond geschaut.

Und in ebendiesem Augenblick schauen auch einige Forscher zum Mond und entwickeln die ersten Raumschiffe, die die weite Strecke dorthin fliegen können. Aber Betty hat den Eindruck, dass der Mond nur sie ansieht und ihr ferne Grüße von all den Kindern ausrichtet, die ihn vor vielen Jahren angeschaut haben und die ihn auch in Zukunft anschauen werden.

Was passiert in dieser Zeit sonst noch auf der Welt?

Im Süden der Vereinigten Staaten gibt es Rassentrennung zwischen Schwarzen und Weißen, in öffentlichen Schulen, in Bussen, in öffentlichen Toiletten, in Restaurants und an vielen anderen Orten.

In Großbritannien wird Penizillin, das erste Antibiotikum entdeckt. Es rettet vielen Menschen mit Infektionskrankheiten weltweit das Leben.

Zum ersten Mal überquert ein Flugzeug den Atlantischen Ozean ohne Zwischenstopp.

Die Wandertaube, die sehr verbreitet war, stirbt aus.

Die Weltbevölkerung beträgt zwei Milliarden Menschen. 100 Jahre zuvor waren es eine Milliarde. Und 100 Jahre später, während diese Zeilen geschrieben werden, beträgt die Weltbevölkerung schon acht Milliarden Menschen.

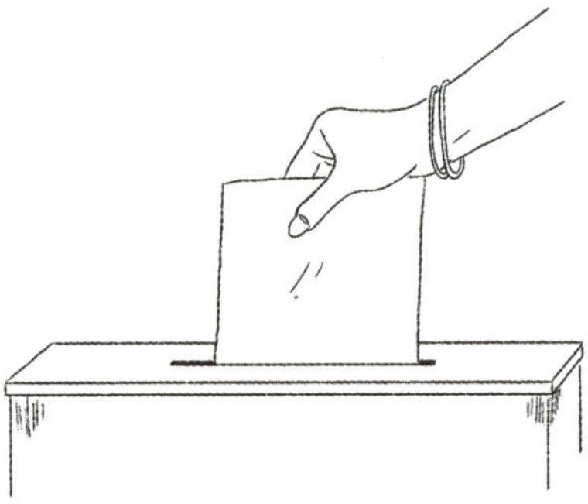

In vielen Ländern erhalten Frauen zum ersten Mal das Wahlrecht.

20

Vor etwa
___ Jahren
(Mitte des
20. Jahrhunderts)

Oma oder Opa als Kinder

OMA UND OPA

Dieses Kapitel schreibst du selbst, zusammen mit Oma, Opa oder einem anderen Erwachsenen, der einige Jahrzehnte älter ist als du. Stell ihnen folgende Fragen und frag sie auch alles andere, was du wissen willst. Wenn der Platz nicht ausreicht, nimm dir einfach ein Blatt Papier dazu.

Deine Kindheit war in den Jahren 19_______ bis 19_______

Wo hast du damals gelebt? ______________________________

Wie hast du einen gewöhnlichen Tag deiner Kindheit verbracht und wie die Wochenenden?

____

Womit haben Kinder damals gespielt?

Was für Spielzeug hattest du? Welches hattest du nicht, hättest es aber gern gehabt?

Habt ihr Ausflüge oder Reisen gemacht? Wie seid ihr dorthin gekommen?

Wie sah es in der Stadt aus? Wie in der Natur?

Seid ihr Tieren begegnet? Wie hat man sich gegenüber Tieren verhalten?

Gab es neue Erfindungen, als du klein warst? Waren es gute? Gab es etwas, das man lieber nicht erfunden hätte?

Welche Entdeckungen gab es in dieser Zeit?

Was galt in deiner Kindheit als gesund? Was als ungesund?

Was galt als höflich? Was als unhöflich?

Glaubte man damals etwas, wovon man heute denkt, dass es nicht richtig ist?

Konntest du deine Meinung sagen, wenn sie von dem abwich, was alle dachten? Durftest du mit deinen Eltern und Lehrern diskutieren?

Was haben deine Eltern oder Lehrer getan, wenn du in ihren Augen etwas Falsches gemacht hast?

Worüber haben sich Kinder damals gestritten?

Galten alle Kinder als gleich? Wie wurden Jungen und Mädchen behandelt?

Welche Kleidung war damals modern?

Wie habt ihr erfahren, was in der Welt passiert?

Wie viel Freizeit hattet ihr, und was habt ihr nach der Schule gemacht?

Hatten deine Eltern oder andere Verwandte Zeit für dich? Haben sie mit dir gespielt?

Hattest du Kontakt mit entfernteren Verwandten? Wohnten die in der Nähe? Auf welche Art und Weise konntet ihr mit ihnen in Verbindung sein, wenn sie nicht in der Nähe wohnten?

Wie hast du Musik gehört?

Womit hast du gelesen und gemalt?

Ab welchem Alter durftest du allein draußen unterwegs sein?

Beneidest du mich um etwas, was ich in meiner Kindheit habe? Und in welcher Hinsicht war es deiner Meinung nach besser, in deiner Zeit Kind zu sein?

Was waren die wichtigen geschichtlichen Ereignisse in deiner Kindheit?

Gibt es noch andere interessante Sachen aus deiner Kindheit?

Ich

ICH

21

Gegenwart

(Im Jahr 20____)

Wir sind in der Gegenwart angekommen. Dies ist jetzt dein Kapitel! In ihm erzählst du, wie du lebst, und vielleicht werden es in ferner Zukunft Kinder lesen und darüber staunen! Auch hier kannst du einfach ein Blatt Papier dazunehmen, wenn der Platz nicht reicht.

Das Jahr 20________ Der Ort: ____

Was machst du an einem gewöhnlichen Tag? Was am Wochenende?

____

____

____

Womit spielst du normalerweise?

Welche Spielsachen hast du? Welche hast du nicht, hättest sie aber gern?

Machst du manchmal Ausflüge oder Reisen? Wie kommst du von einem Ort zum andern?

Wie sieht die Stadt aus? Wie die Natur?

Begegnest du Tieren? Wie verhält man sich ihnen gegenüber in deiner Zeit?

Was für Erfindungen gibt es in deiner Zeit? Sind es gute? Gibt es welche, die man besser nicht erfunden hätte?

Gibt es in deiner Zeit irgendeine besondere Entdeckung auf der Welt?

Gibt es etwas, was alle um dich herum glauben, wovon du aber denkst, dass es sich als falsch erweisen wird?

Kannst du deine Meinung sagen, wenn sie anders ist als das, was alle denken? Kannst du mit deinen Eltern und Lehrern diskutieren?

Was tun deine Eltern oder Lehrer, wenn du etwas in ihren Augen Schlechtes gemacht hast?

Was gilt zu deiner Zeit als gesund? Was als ungesund?

Was gilt als höflich? Was als unhöflich?

Worüber streiten sich Jungen und Mädchen?

Gelten alle Kinder als gleich? Wie werden Jungen, wie werden Mädchen behandelt?

Welche Kleidung ist modern?

Wie erfährst du, was in der Welt passiert?

Wie viele Zimmer gibt es in den Wohnungen deiner Freundinnen und Freunde? Hast du ein eigenes Zimmer?

Wie viel Freizeit hast du, und was machst du nach der Schule?

Haben deine Eltern oder andere Verwandte Zeit für dich? Spielen sie mit dir?

Hast du Kontakt mit entfernteren Verwandten? Wohnen die in der Nähe? Auf welche Art und Weise kann man mit jemandem in Verbindung sein, der ganz woanders wohnt?

Wie hörst du Musik?

Womit schreibst und malst du? Schreibst du deinen Freunden in Buchstaben oder anderen Zeichen?

Ab welchem Alter darfst du allein rausgehen?

Meinst du, die meisten Kinder auf der Welt leben so ähnlich wie du?

Beneidest du Kinder, die in der Vergangenheit lebten, und wenn ja – worum? Und in welcher Hinsicht ist es deiner Meinung nach besser, in deiner Zeit Kind zu sein?

Was sind die wichtigen geschichtlichen Ereignisse in deiner Zeit?

Erzähl noch etwas, was Kinder in der Zukunft vielleicht gern über dich wissen würden.

22

In der Zukunft

(Im Jahr 20____)

Jetzt ist es an der Zeit, dass du dir selbst etwas ausdenkst.

Hier kannst du in Worten und Bildern den Tag eines Mädchens oder eines Jungen in 50 Jahren beschreiben.

Ob es dann wirklich so sein wird? Eine spannende Frage.

Das ist nicht das Ende …

WARUM UND WIE WURDE DIESES BUCH GESCHRIEBEN?

WAS IST WAHR UND WAS IST ERFUNDEN?

EIN PAAR ERKLÄRUNGEN FÜR INTERESSIERTE

WOHER WEISS MAN, WIE KINDER FRÜHER LEBTEN?

In diesem Buch hast du Jungen und Mädchen aus verschiedenen Epochen der Geschichte kennengelernt. Wir wollten sie aus dem Schatten ins Scheinwerferlicht der Geschichte rücken und ihnen eine Stimme geben. Aber woher wussten wir, wie Kinder in der Vergangenheit lebten, in Zeiten, in denen es noch keine Kameras oder andere Mittel gab, um aufzuzeichnen, was geschah?

Die Wahrheit ist, wir wissen nicht genau, wie die Kinder, deren Geschichten wir hier erzählen, gelebt haben. Aber es gibt viele Belege, die uns helfen, uns das auszumalen: Reste von Gebäuden, die uns verraten, wie sie wohnten; alte Gegenstände, von denen wir lernen, was sie aßen, was sie arbeiteten und womit sie spielten. Auch gibt es alte Schriften, in denen man lesen kann, worüber sie nachdachten und was sie glaubten. An Wandmalereien kann man erkennen, was für Kleider sie trugen und was sie besonders beeindruckt hat.

Aufgrund dieser Hinweise, die von vielen Forscherinnen und Forschern zusammengetragen wurden, konnten wir diese Geschichten schreiben.

Doch was ist mit Teilen der Welt und Epochen, aus denen uns überhaupt nichts überliefert ist? Wir wollten gerne versuchen, auch Kinder von dort kennenzulernen, weil es doch am spannendsten wäre, gerade von ihnen zu erzählen: etwa von Kindern in Afrika in sehr frühen Zeiten.

Das war schwierig, denn die meisten Überreste, die aus den alten Kulturen in Afrika noch erhalten sind, kann man nicht lesen oder anfassen. Es sind vielmehr Geschichten, die von Generation zu Generation weitererzählt wurden, und Bräuche, die sich über lange Jahre erhalten (und vielleicht auch etwas verändert) haben. Um trotzdem einen ersten Eindruck vom Leben dieser frühen Kinder zu bekommen, sind wir davon ausgegangen, dass sich an besonders abgelegenen Orten wie dem, wo die Angehörigen des Dogon-Stammes wohnten, die alte Tradition wahrscheinlich gut erhalten hat. Und dass sie zumindest ein bisschen etwas vom Leben der dortigen Kinder in früheren Zeiten widerspiegelt. So entstand die Geschichte von Niama und Ogotomeli.

Bei allen Geschichten haben wir immer auch unsere Phantasie benutzt, um zu erzählen, wie der Tag eines Jungen oder eines Mädchens damals wohl aussah. Auch wenn wir uns von unserer Vorstellungskraft treiben ließen, achteten wir aber darauf, dass alles, was wir beschreiben, auch möglich gewesen sein könnte – selbst wenn es manchmal sehr ungewöhnlich ist (dass sich zum Beispiel ein Mädchen in die Olympischen Spiele hineinschmuggelt). Wir haben dabei den Hintergrund und die Einzelheiten aus der Wirklichkeit so beschrieben, wie die Forschung das annimmt. In diese Beschreibung haben wir unsere Vermutungen eingeflochten, wie der Tag eines solchen Jungen oder Mädchens hätte aussehen können.

Um die Gefühle der Kinder zu beschreiben, stützten wir uns darauf, dass wir selbst mal Kinder waren und heutige Jungen und Mädchen kennen. Letztlich sind sich Menschen an verschiedenen Orten und zu verschiedenen Zeiten ja trotz großer Unterschiede auch in vielem ähnlich. Es kann aber natürlich sein, dass die Kinder aus der Vergangenheit uns, wenn wir mit ihnen hätten sprechen können, etwas ganz anderes über sich erzählt hätten.

HABEN MÄDCHEN UND JUNGEN WIRKLICH SO VIELE DINGE ERFUNDEN?

In der Zeit, in der die Menschheit existiert, wurden viele Dinge erfunden, von denen man nicht weiß, von wem. Das sind nicht die Erfindungen berühmter Erfinder und Erfinderinnen, sondern von ganz gewöhnlichen Menschen, deren Namen wir aber nicht kennen. Manchmal wurden die gleichen Dinge sogar zur selben Zeit an ganz verschiedenen Orten erfunden. Die Menschen suchten Lösungen für ein Problem, probierten sie aus und hatten Erfolg. Und manchmal haben sie dabei ganz nebenbei auch etwas anderes entdeckt.

In diesem Buch haben wir einige dieser Erfindungen Kindern zugeschrieben, obwohl es nicht sicher ist, dass es so war. Aber Kinder sind oft neugierig; sie probieren viel aus, weil sie noch nicht wissen, was funktioniert und was nicht. Auf diese Art und Weise bringen sie nicht selten auch ihren Eltern Neues bei. Deshalb scheint es uns logisch anzunehmen, dass zumindest einige der Erfindungen, bei denen man nicht weiß, von wem sie stammen, von Kindern gemacht wurden. Auch dieses Buch entstand aus der Idee eines Mädchens, das immer gerne gespielt hat, sie lebe in der Vorzeit; von ihr haben wir gelernt, wie spannend es sein kann, sich so etwas vorzustellen und auszumalen.

WAS LEBTEN IN DER VERGANGENHEIT SONST NOCH FÜR KINDER?

Dieses Buch repräsentiert lange nicht alle Kinder in der Geschichte. Du hast hier nur ein paar wenige getroffen. Natürlich gab es Kinder, die in derselben Zeit am selben Ort lebten und ein ganz anderes Leben hatten – sehr viel schwerer als das, was wir hier erzählen, oder auch viel bequemer, gefährlicher oder einfacher. So wie heute haben Kinder, die manchmal ganz in der Nähe voneinander lebten, ganz unterschiedliche Leben geführt.

Und natürlich gibt es noch viele Kinder aus anderen Zeiten und von anderen Orten, von denen wir nicht erzählen konnten, und die sind nicht weniger wichtig und interessant: die Kinder der Phönizier und der Nabatäer, Kinder der Gallier und Arianer, der Azteken und der Normannen, Yoruba-Kinder, Maori-Kinder, Skythen und noch viele mehr.

Die Auswahl ist uns nicht leichtgefallen. Es gibt in der Geschichte besonders auffällige Kulturen, die stark und reich waren und nicht selten andere Völker beherrschten. Sie bestimmten oft auch, was als Geschichte aufgeschrieben wurde: Sie schrieben ihre eigene Geschichte. Deshalb war es einfach, Kinder aus den herrschenden Kulturen zu beschreiben. Aber was ist mit den Kindern aus Kulturen, die in den Augen der Herrschenden unwichtig waren und über die sie vielleicht sogar Schlechtes geschrieben haben? Was ist den Kindern aus Kulturen, die angegriffen und über die Jahre sogar ausgelöscht wurden?

Beim Schreiben und Illustrieren sahen wir immer wieder, wie schwer es ist, Kulturen und Zeiten darzustellen, die uns fern sind. Eigentlich können wir nur Dinge beschreiben, die wir selbst erfahren. Und manchmal sind wir blind für Geschichten, die außerhalb der Geschichte liegen, die wir kennen. Das ist uns klar.

Trotzdem haben wir versucht, so gut wir konnten, an diese fernen Erfahrungen heranzukommen und immer neue Wege zu erkunden, wie sich Vergangenheit erzählen lässt: Am wichtigsten war uns, die Geschichte nicht so zu erzählen, wie sie sonst erzählt wird – als eine Geschichte über Kriege, Herrscher, berühmte Erfinder, herausragende Persönlichkeiten und politische Entwicklungen. Denn wir denken, wichtig ist nicht unbedingt das, was durch die Geschichte berühmt und wichtig wurde. Wir wollten zeigen, dass die menschliche Erfahrung in all ihrer Verschiedenartigkeit ein Wert ist. Denn das alltägliche Leben von gewöhnlichen Menschen, Kindern und Familien bildet den Kern der Geschichte der Menschheit.

Nachdem du einige Kinder aus der Vergangenheit getroffen hast, hast du vielleicht Lust bekommen, in der Vergangenheit nach weiteren Jungen und Mädchen zu suchen, von denen noch keiner erzählt hat.

Über sie nachzuforschen, sie in deiner Phantasie zu treffen und dir auszumalen, wie sie gelebt haben. Das bietet dir auch die Gelegenheit, dein eigenes Leben aus einem anderen Blickwinkel zu betrachten. Es kann dir zeigen, dass viele Dinge relativ sind und sich dauernd ändern, dass Konventionen und Anschauungen sich immer wieder wandeln.

Diese Sichtweise hat, so denken wir, etwas Tröstliches. Wir alle fühlen uns manchmal nicht dazugehörig, aber vielleicht liegt das gar nicht an uns. Vielleicht wird man uns an einem anderen Ort und in einer anderen Zeit besser verstehen? Wir glauben, diese Sichtweise kann uns dazu bringen, besser miteinander umzugehen, mit der Welt und mit uns selbst.

Gewidmet in Liebe den Mädchen und Jungen der Vergangenheit, der Gegenwart und der Zukunft

Tamar Weiss Gabbay und Shiraz Fuman

DANKSAGUNG

Mein großer Dank gilt allen Geschichtsforschern und Geschichtsforscherinnen, die sich die Zeit genommen haben, ihr Wissen und ihre Gedanken mit mir zu teilen und mir zu helfen, Fehler zu vermeiden. Was dennoch als Fehler stehenblieb, dafür bin allein ich verantwortlich. Ich danke Michal Avissar Cohen, Dr. Basmat Even-Zohar sel. A., Dr. Nira Alperson-Afil, Dr. Uri Amitai, Prof. Brouria Biton-Ashkelony, Prof. Menahem Blondheim, Dr. Irit Beck, Prof. Yaara Bar-On, Dr. Tali Berner, Prof. Uri Gabbay, Prof. Avner Giladi, Michelle Gerling, Dr. Fayah Haussker, Prof. Yuval Noah Harari, Dr. Debby Hershman, Prof. Dror Warman, Dr. Or Hasson, Idit Toledano, Prof. Israel Yuval, Dr. Uri Mayer Chissick, Yonathan Misrachi, Dr. Viviana Moskovich, Dr. Prof. Orna Naftali, Dr. Yakir Paz, Dr. Anat Kutner, Prof. Steven Kaplan, Dr. Maya Katzir, Dr. Yiftah Shalev, Dr. Racheli Shlomi Chen und Prof. Gideon Shelah.

Und ich danke all den Freunden und Freundinnen, Kollegen und Kolleginnen, die einzelne Kapitel gelesen, mitgedacht und mich vielfältig beraten haben.

Tamar Weiss Gabbay